Cem Paul

Behindert, nicht dumm...

Aufgeschrieben und mit dem Erzähler überarbeitet von
Gerhard Roos

FSC
www.fsc.org
MIX
Papier aus ver-
antwortungsvollen
Quellen
Paper from
responsible sources
FSC® C105338

Impressum

© 2024 Cem Paul

Herstellung und Verlag:
BoD – Books on Demand, Norderstedt

ISBN: 978-3-7583-2747-6

Inhalt

Vorwort 5

Meine Herkunft 6

Familienleben 13

Das Haus im Norden 18

Kindergartenkind 22

Erste Schulzeit 30

Integrative Grundschule 35

Hauptschulzeit 39

Meine Zeit in den Werkstätten 48

Auf zum Neubeginn 57

Das Medizinische und die Therapien 62

Meine rechtliche Situation 72

Weitere Betreuungen 78

Heil- und Hilfsmittelversorgung 83

Die Kostenträger und ihre Nutznießer 95

Meine privaten Beziehungen 102

Die Betroffenen und die Aktivisten 106

Vorwort

Mein Name ist Cem Paul. Ich bin mit einem Grad von **80** schwerbehindert und bekam die Merkzeichen „**B**", „**G**" und „**aG**". Genaueres später. Ich habe eine große Menge zu erzählen. Über das, was ich in meinen gut zweiunddreißig bisherigen Lebensjahren erlebt und erreicht habe, über das, was mich ärgert, und über das, was mich freut und sogar glücklich macht.

Selbst aufschreiben kann ich das nicht so gut. Also musste mein Pflegevater mit mir alles zusammenstellen und für mich formulieren, was ich ihm erzähle oder erzählt habe. Überarbeitet haben wir schließlich jeden Satz, sodass ich guten Gewissens behaupten kann: „Das ist meine Geschichte und meine Sicht der Dinge." Nur eben in seiner Erzählweise aufgeschrieben.

Die ersten Jahre kenne ich natürlich nur aus Berichten der Erwachsenen meines Umfeldes und aus denen meiner Geschwister. Egal, ich erzähle auch von dieser Zeit. Also los geht's!

Meine Herkunft

Als ich im November 1991 im Elisabeth-Krankenhaus in Essen/Ruhr geboren wurde, kam ich nicht alleine. Ich hatte einen bei mir. So steht in jedem Arztbericht: „Zwillingsgeborener 1". Was zumeist nicht drin steht ist, dass wir beide nicht das errechnete Ende dieser zweiten Schwangerschaft unserer Mutter abwarten durften. Weil mein Zwillingsbruder im Mutterleib in Lebensgefahr schwebte – eindeutig diagnostiziert – wurde unsere Geburt vier Wochen zu früh eingeleitet.

Natürlich waren wir beide zu leicht und zumindest wärmebettbedürftig. Aber immerhin ging es meinem Bruder, den unsere Mutter „Cengiz" nannte, nach erledigtem erstem Bick in die Welt und ordentlichem Gebrüll doch erfreulich gut. Unsere türkischen Vornamen verdanken wir beide der Tatsache, dass unser Erzeuger ein freundlicher türkischer Jüngling war, der jedoch mit dem Zustandekommen unserer knapp drei Jahre älteren Schwester Natascha nichts zu tun hatte.

Die wurde während jener Zeit bei Oma „geparkt", in der Mama in der Klinik war. Zuerst stationär fast drei Wochen, dann täglich mehrere Stunden, um uns versorgen zu lernen und dem Personal zu helfen. Soweit Mama das in Erinnerung hatte, hat unser Erzeuger uns zweimal in der Neugeborenenstation besucht. Und das, obwohl Cengiz dort sechs Wochen und ich sogar dreizehn Wochen zugebracht haben. Mein Bruder entwickelte sich problemlos, ich jedoch bekam in der Nacht zu meinem einundvierzigsten Lebenstag völlig überraschender Weise ein diffuses Hirnbluten an der Innenwand des äußeren linken Großhirnlappens.

Dies für mein ganzes folgendes Leben bedeutsame Ereignis nennen die Fachärzte *„intraventrikuläre Hämorrhagie III. Grades"* mit der blöden Dauerfolge *„frühkindliche periventrikuläre Leukomalazie".* Heute weiß ich: als periventrikuläre Leukomalazie bezeichnet man eine Schädigung des Gehirns beim Neugeborenen im Bereich der weißen Substanz um die Hirnventrikel. Ursächlich ist eine Minderentwicklung der Arterien des

Gehirns in der Schwangerschaft oder eine Infektion. Beides kann zur Sauerstoffminderversorgung führen und Äderchen platzen lassen (= Hämorrhagie).

Die Folge ist, dass ein ganzer Bereich des Gehirns völlig und auf Dauer ausfällt. Das führt zu Lähmungen und intellektuellen Einschränkungen, im Extremfall zum Verlust der Fähigkeit ganzer Organgruppen. Mir wird gesagt, ich hätte in gewisser Weise Glück gehabt. Zwar bin ich „Triparetiker", also sind drei Extremitäten gelähmt. Aber immerhin kann ich die linke Hand fast ganz normal nutzen, aber ohne Rollstuhl kann ich mich mit Stützen nur extrem kurze Strecken fortbewegen. Oft lästig für mich ist meine intellektuelle Einschränkung.

Der Kinderneurologe, den wir Kinder *„Fischi"* nennen durften, erwartete nach Erstellen eines sorgfältigen Elektroenzephalogramms (EEG), dass ich zahlreiche Krämpfe erleiden müsse. Musste ich aber nicht. Erst im Erwachsenenalter stellten sich verhältnismäßig leichte Krampferscheinungen ein. Davon aber sicher noch später. Jetzt erst mal genug Medizinisches.

Da unsere Mama nicht damit rechnen konnte, dass unser Erzeuger mit ihr zusammenziehen würde, sie aber auch kaum in der Lage war, alleinerziehend zwei einigermaßen normal entwickelte Kleinkinder und ein schwerbehindertes zu versorgen – auch war ihre Wohnung im zweiten Stock und nur über Treppen erreichbar –, teilte sie dem Oberarzt der Station in der Klinik und einigen Schwestern ihre Sorgen mit.

Der Oberarzt setzte alles in Bewegung, eine Lösung für mich zu finden, die unsere Mama entlasten könnte. Aus guter Erfahrung mit einem behinderten Kleinkind, das einige Monate zuvor in eine Pflegefamilie gekommen war, war es sein Plan, auch für mich eine Pflegefamilie zu finden.

Dann im Januar 1992 besuchten genau diese Pflegeeltern wegen und mit diesem Dennis nochmals die ihnen wohlbekannte Neugeborenenstation. Dort zeigten ihnen die Schwestern das vor zwei Monaten geborene Zwillings-Kerlchen Cem, das wie beschrieben eine

Behinderung erworben hatte, und für das die Stadt Essen eine Pflegefamilie suchte.

Der Pflegevater war der Vorsitzende im jungen *„Bundesverband behinderter Pflegekinder e.V."* und versprach Hilfe. Dieser Bundesverband brachte schnell nacheinander drei Familien bei, mit denen aber ein Pflegeverhältnis aus je unterschiedlichen Gründen nicht zustande kam. Schließlich beschloss diese Familie selbst, mich aufzunehmen, und beide beteiligten Jugendämter willigten ein.

Meine Pflegemutter erzählte immer gerne: *„Wir fuhren mit Michi (einem 1988 geborenen behinderten Pflegesohn) nach Essen, um deine damals allein erziehende Mutter kennenzulernen und sie um ihr Einverständnis zu bitten. Diese Begegnung hat uns alle, sowohl die Sozialarbeiter aus Essen als auch deine Mutter als auch uns, nachhaltig bewegt. Mit Tränen in den Augen entschloss sie sich, uns dich Bürschlein mitzugeben und nun ihre Zwillinge getrennt aufwachsen*

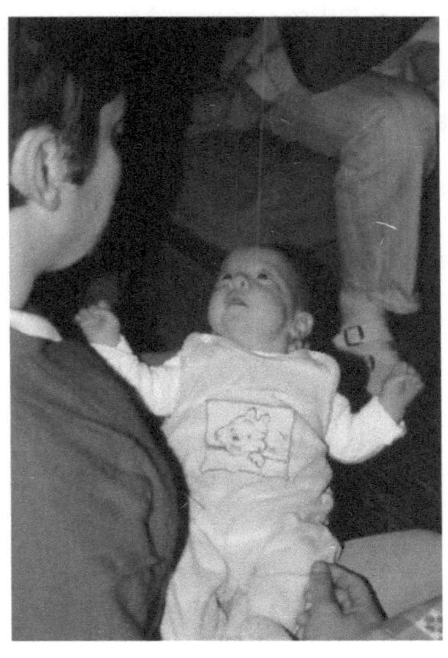

So kam ich Stadtkind Cem aufs Land, in ein kleines

Dreihundert-Seelen-Dorf im Taunus. Dort im Haus lebten

außer den Pflegeeltern der knapp zweiundzwanzig Jahre

alte, auf seinen Studienplatz wartende Alex, und ein

weiterer neunzehnjähriger leiblicher Sohn Steffen, Zivi

beim Roten Kreuz, ein auch neunzehnjähriger

Pflegesohn, in Ausbildung, und sein vierzehnjähriger

leiblicher Bruder, dazu die leicht körperbehinderte

siebenjährige Pflegetochter Tamara, der sechsjährige Adoptivsohn Benjamin und die kleinen fast gleichaltrigen schwerbehinderten Pflegesöhne Michael und Dennis.

Nicht vergessen darf ich die Hunde, die mich sofort in ihre zu bewachende Herde einbezogen und sich als brave Familienhunde stets gerne mit uns Kindern beschäftigten. Und wir uns gerne mit ihnen.

Familienleben

Schon die vorstehende Beschreibung zeigt, dass diese Familie ein bisschen außergewöhnlich gestrickt war. Die Pflegemutter, die von allen Kindern *„Mutti"* genannt wurde, war vor ihrer Ehe auf leichten Umwegen bis zur Kindergartenleiterin aufgestiegen, aber sofort nach der Geburt ihres ersten Kindes aus dem aktiven Berufsleben ausgeschieden. Als junger beamteter Pfarrer konnte ihr Mann, von allen Kindern *„Vati"* genannt, als alleiniger Verdiener die Familie ernähren. Die Kinderschar wuchs sehr schnell und setzte sich schon nach zwei Ehejahren aus zwei leiblichen und einem Adoptivsohn zusammen. Einige Zeit lang waren es drei leibliche und zwei adoptierte Kinder. Dann kam das erste Pflegekind ins Haus. Mutti sagte immer: *„So übe ich meinen erlernten Beruf zu Hause aus."*

Als ich in die Familie kam, hatte Vati seine Einsätze als Gemeindepfarrer schon lange gegen den langfristigen Einsatz als Berufsschulpfarrer eingetauscht. Unser

Vorteil war, dass seine Arbeitszeit ziemlich geregelt war. Ganz hübsch aufwändig indessen war seine ehrenamtliche Tätigkeit als Vorsitzender des Bundesverbandes behinderter Pflegekinder, vor Allem, weil nach der *„Wende"* unglaublich viele behinderte Kinder aus ehemaligen DDR-Heimen in Pflegefamilien untergebracht werden mussten. 1995 beendete er diese Funktion, was für uns einige Entspannung bedeutete. Trotz seiner Doppelbelastung hatten wir aber immer beide Elternteile verfügbar. Und unsere Eltern konnten sogar ihre Hundezucht gut betreiben.

Ich wurde nach meiner Ankunft ohne Probleme in das Alltagsgeschäft meiner Pflegefamilie eingeordnet. Mutti hatte zwei Familienhelferinnen verfügbar, die ihr zeitraubende Haushaltstätigkeiten durchaus kompetent abnahmen. In von ihnen selbst organisiertem Wechsel war eine von ihnen fast täglich für einige Stunden im Haus.

Noch lange Zeit vor meinen ersten eigenen Erinnerungen gab es allerlei einschneidende Ereignisse.

Mein Erzeuger zog doch mit Mama zusammen und wurde zum Papa für meine leiblichen Geschwister und mich. In unregelmäßigen Abständen besuchten uns die Vier mit Papas altem PKW, und allmählich entwickelte sich ein freundschaftliches, fast familiäres Verhältnis zwischen meinen beiden Familien. Heute weiß ich, das gibt es nur sehr selten. Deshalb betrachte ich es nach wie vor als ein besonderes Geschenk.

Mein Pflegebruder Dennis verstarb im Sommer 1992, wenige Wochen später schon kam ein neuer schwerbehinderter Pflegebruder ins Haus, Niklas. Der war ein knappes halbes Jahr jünger als ich, blind und stark intellektuell eingeschränkt. Meine Pflegeeltern erfuhren später, dass er gar kein Kleinhirn im Kopf hatte.

Uns drei schwerbehinderte Kinder konnten die erwachsenen Familienmitglieder vorerst noch über die Treppe ins völlig ausgebaute Dachgeschoss tragen, aber mit Michi wurde das allmählich ein Kraftakt. Eine volle Einbeziehung des Obergeschosses musste auf Dauer sichergestellt werden. Im September ließen unsere Eltern einen Anbau mit Geschossaufzug planen, im November stand die Finanzierung und schon eine Baugenehmigung, und bereits im Advent ging es los. Ein milder Winter machte es relativ leicht. Die erwachsenen Kinder konnten mehrere Wochen helfen, so ließen sich die meisten Arbeiten in Eigenleistung erledigen. Nur zum Ausbaggern, zum Dachdecken, zur notwendigen Heizungserweiterung und zum Einbau des Aufzuges wurden Fachfirmen eingesetzt.

Nach einem ohne Aufregungen verlaufenen Jahr 1993, in dem vor allem alle erwachsenen Roos-Kinder endgültig das Haus verlassen hatten, brachen die Verbliebenen zu den Osterferien mit dem großen Wohnmobil auf, um in Nordspanien an der Mittelmeerküste mal so richtig auszuspannen. Aber was geschah? Fünf von uns sechs Kindern bekamen – trotz des Mittelmeeres vor der Nase – Keuchhusten.

Mutti erzählte mir öfter, noch in Spanien sei die Erkenntnis gewachsen, dass wir nur dann weiterhin erholsame Urlaube erleben würden, wenn wir uns im passenden Reizklimabereich ein Grundstück mit irgendeinem Gebäude suchen und mieten oder kaufen könnten, wo unsere Wohnmobilreisen jeweils hinführten, wir Kinder Raum zum Spielen hätten und wir alle Platz genug, um uns gegenseitig nicht zu sehr auf die Nerven zu gehen. Wünschenswert wäre die Nähe eines Meeres und eine Entfernung vom Heimatdorf von nicht mehr als 500 Autokilometern.

Das Haus im Norden

Unser Vati hatte durch sein Ehrenamt Kontakte in ganz Deutschland. So konnte er Personen nahe der Nordseeküste ansprechen und ein Maklerbüro finden, das uns drei Immobilien anbot. Eine davon gefiel unseren Eltern sofort. Zwar waren alle drei nicht ohne Renovierung nutzbar, aber die preisgünstigste erschien am Einfachsten zu sanieren. Während unsere Helferinnen und der älteste leibliche Sohn Bernd der Familie fast alle Kinder betreuten, wurde ich im Kindersitz mit nach Norddeutschland genommen, um mit anderen herbei gereisten Familienmitgliedern das Ganze zu besichtigen. Und der Kauf wurde sofort beschlossen.

Im Juni 1994 wurde der Kaufvertrag – wieder in meinem Beisein – unterschrieben. Unsere Eltern hatten einen alten kleineren Wohnwagen angeschafft, den wir zum neuen Haus mitgenommen hatten. So konnten wir dort übernachten, den dort schon mal stehen lassen, und nach dem Rechtsgeschäft wieder nach Hause fahren.

Es ist für mich noch heute seltsam: aber ziemlich oft wurde ich alleine auf weite Fahrten mitgenommen, während die Helferinnen und großen Geschwister zu Hause den Rest betreuten. Muttis Erklärung, ich sei halt ein fröhlicher Reisegosse gewesen, aber wegen meiner Launen der schwierigste Fall für die Helfer zu Hause, hat mich nachfragen lassen, was denn das Problem mit mir gewesen sei. Ihre Antwort: *„Du warst halt wie das ‚HB-Männchen' immer gleich so wütend, wenn du irgendetwas nicht so hinbekommen hast, wie du es dir vorgestellt hattest.“* Diese Wut erlebe ich auch heute immer mal wieder bei mir selbst. Unter die Decke wie das *„HB-Männchen"* gehe ich jedoch nicht mehr.

Aber zurück zu unserem neuen Haus. Mit unserem großen Wohnmobil und zwei kleinen Zelten waren wir, teilweise auch mit dem einen oder anderen erwachsenen Bruder im alten Wohnwagen, über die gesamten Sommerferien dort. Es wurde von Grund auf renoviert. Nach mehreren Wochenenden, die unsere Eltern und Alex zu Endarbeiten nutzten, konnten wir am ersten Oktober ein fröhliches Einweihungsfest mit allen Roosschen Kindern und Enkeln sowie mit unseren neuen Nachbarn und allerlei Freunden feiern.

Häufig brachten wir seitdem unsere Wochenenden in Norderschwei zu, die Ferien natürlich sowieso. Die Erwachsenen genossen die Ruhe und verhältnismäßige Abgeschiedenheit des Hauses. Die Umgebung mit den alten gammeligen Tannen und dem wilden Holunder verschaffte uns genug Bewegung an der frischen Luft. Und den Erwachsenen einige Beschäftigung. Unser

Nachbar und Hausverkäufer Gerd wurde für uns alle ganz schnell zum Freund.

Nun begannen zunehmend die Ereignisse, an die ich mich selbst erinnern kann. Immer mehr kann ich ohne die Berichte meiner Pflegeeltern oder -geschwister erzählen.

Kindergartenkind

Im Sommer 1995 kam ich in den Kindergarten der Lebenshilfe des Rhein-Lahn-Kreises im Dorf Singhofen, in dem mein Pflegebruder Michael die drei vorherigen Jahre zugebracht hatte. Ein kleines Taxiunternehmen aus Nassau hatte sich auf die Zusammenführung der betreffenden Kinder aus unserer Verbandsgemeinde spezialisiert. Die beiden Erzieher unserer Gruppe, Jürgen und Gisela, bevölkern viele meiner ersten Erinnerungen.

Zu Hause hatten unsere Eltern mit Michael ausprobiert, ob nicht schon ein recht kleines Kind mit einem Rollstuhl zurechtkommen könne. Trotz seiner spastischen Lähmungen auch in Armen und Händen hat Michi das sehr gut hinbekommen. Für seine besonderen Bedürfnisse haben unser Vati und der Kinderrollstuhl-Hersteller Hugo Sorg ein sehr spezielles Rollstühlchen entwickelt. Dieser *„Tilty"*, der trotz nach hinten gekippter Sitzeinheit dem nutzenden Kind ermöglicht, selbst zu fahren, hat sich im Laufe der Jahre zu einem echten Verkaufsrenner der Firma SORG entwickelt. Erheblich modernisiert gibt es ihn heute noch zu kaufen, gut dreißig Jahre nach seiner Entwicklung.

Schon als Kindergartenkind hatte auch ich ein Rollstühlchen dieses Herstellers, und bis heute bin ich dieser Marke treu geblieben. Doch davon noch später. Unsere Eltern hatten sich nach einem schweren Auffahrunfall auf der Autobahn bei einer Reise nach Norderschwei, der unseren Planenanhänger erwischt hatte (später mehr), einen fabrikneuen Zweitonner-Kofferanhänger zugelegt. Die großen weißen Flanken erschienen Vati zu langweilig. Also holte er sich von der Firma SORG deren Logo und die Genehmigung, dieses großflächig aufbringen zu lassen. Seine Beziehungen zu einer Autolackiererei im Nachbardorf im Taunus brachte eine kostengünstige Paint-Brush-Lösung. Mit dieser Werbung sind wir jahrelang durch die Gegend gefahren, im Hänger unsere Rollstühle und manches Andere.

Durch Vatis Einsatz in der Berufsschule gab es immer an den dadurch freien Wochenenden und auch in den Schulferien die Möglichkeit, viel Zeit in unserem schönen Haus im Norden zuzubringen. Es kostete halt nur eine Menge Fahrerei, aber mit dem Wohnmobil, an dem meistens unser Anhänger mit den Rollstühlen und allerlei anderen Nützlichkeiten hing, war das gut zu schaffen.

Manchmal war auch unser Bus, später der Van mit auf der Reise, den unsere Mutti kutschierte. Ich saß dann im Spezial-Kindersitz neben ihr und versorgte sie bei Bedarf mit Mandarinenstückchen, Keksen oder einigen Schlucken Mineralwasser. Kurz vor Weihnachten 1995, ich war also gerade vier Jahre alt, musste Mutti gelegentlich der Weihnachtsreise nach Norderschwei unserem Steffen, der in Münster studierte, einen gebrauchten PKW bringen, der seinen bisherigen uralten Wagen ersetzen sollte. Da ist dann Benjamin mit ihr gefahren. Ich saß mit meinem Spezialsitz sicher verzurrt auf dem Beifahrersitz des Wohnmobils. So wurde ich direkter Zeuge unseres seltsamen Unfalls. Auf dem Standstreifen der A 45 brannte ein LKW. Der Rauch zog über die Fahrbahn und vernebelte vollständig die Sicht. Die Autos vor uns bremsten erschreckt ab. Vati brachte unser Gespann auf der rechten Spur unmittelbar hinter einem LKW zum Stehen. Und – rumms – fuhren uns von hinten zwei PKWs in unseren Anhänger. Einer von hinten, einer schräg seitlich. Der Hänger steckte regelrecht im Heck unseres Mobils. Kein Rücklicht brannte mehr, der Hänger selbst war völlig krumm.

Auch auf den beiden anderen Fahrspuren hatte es mehrere Auffahrunfälle gegeben. Vati griff sich seine Regenjacke und eilte einem eingeklemmten PKW-Fahrer zu Hilfe. Mit beherztem Sprung saß unser kleiner Rüde, der Hunderudelboss *„Bubi"*, auf dem Fahrersitz und bewachte uns Kinder im Wohnmobil. Mehrere Polizeifahrzeuge und auch einige Notarzt- und Krankenwagen kamen recht schnell herbei, auch die

Feuerwehr, die den brennenden LKW hinter uns löschte. Für uns Kinder war das alles sehr aufregend und spannend. Tamara als die Älteste hat sich perfekt um uns kleine Geschwister gekümmert. Plötzlich öffnete sich die Fahrertür, ein Polizist suchte offensichtlich den Fahrer. Er beugte sich herein, um mit Tamara zu sprechen und legte seine Hand auf den Fahrersitz. Das hätte er besser unterlassen. Bubi musste uns doch verteidigen. Der Polizist nahm den Biss erstaunlich gelassen. *„Ich bin ja selbst schuld."*

Da die gesamte Autobahn stundenlang dicht blieb und wir das erste Fahrzeug in der rechten Unfallschlange hatten, durfte Vati trotz der fehlenden Rückleuchten bis zur Raststätte – also ca. sechs Kilometer – weiterfahren. Der herbei telefonierte *„Gelbe Engel"* baute trotz Dunkelheit und strömendem Regen aus allerlei Teilen seiner Notfallkiste eine funktionierende Heckbeleuchtung an das zerknautschte Heck unseres Wohnmobils. Damit sind wir weitergefahren und wohlbehalten in der auch nassen Wesermarsch angekommen. Bernd war mit unserem Bus zum Aufbewahrungsplatz des Anhängers gefahren, hatte alles umgeladen und stand eine knappe Stunde nach uns – Mutti und Benjamin hatten wir unterwegs aufgelesen – vor der Haustür. So waren das Pflegebett für Niki, der Weihnachtsbaum und unsere Rollstühle unversehrt auch angekommen. Bernd schlief dann zufrieden bei uns im Gästegiebel und brummte am nächsten Tag zurück. Er hatte über Weihnachten Dienst.

In meinen ersten Erinnerungen spielen übrigens zwei meiner damals schon erwachsenen Pflegebrüder wichtige Rollen. Bernd, der älteste, hat mich immer, wenn er bei uns war, mit sich rumgeschleppt und mir beigebracht, Bobbycar zu fahren. Das war hart, hat aber meine Beinbewegungen sehr gefördert. Alex wohnte noch ziemlich lange bei uns, auch von ihm habe ich viel gelernt. Er war mal mit Mutti und mir im Großmarkt einkaufen. Ich habe immer in der Obst- und Gemüseabteilung von einer älteren Verkäuferin eine Banane geschenkt bekommen. Als Alex dabei war, habe ich der netten Frau gesagt: *„Mein Bruder hat auch Hunger."* Er hat auch eine Banane bekommen.

Weil ich wohl recht viel mitbekommen habe und lernwillig war, hat Mutti mich fast immer zum Einkaufen in ihren Stammgroßmarkt mitgenommen. Zuerst soll mir das Sitzen im Kindersitz des Einkaufskorbes sehr schwer gefallen sein. Aber dann wurde es wohl immer besser. Diese Maßnahme hatte *„unsere"* Physiotherapeutin Erika meiner Mutti vorgeschlagen.

Vati arbeitete in der Stadt, in der dieser Großmarkt war. Hatte er nachmittags noch Unterricht, waren meine Pflegeeltern ab und an mit mir in der Cafeteria des Großmarktes Mittag essen. Ich nicht wie sonst im Einkaufskorb, sondern im Rollstuhl. Am Nebentisch sagte plötzlich ein Gast ganz laut: *„So einen Krüppel hatte man zu Adolfs Zeiten nicht großgezogen."* Ehe meine Eltern antworten konnten, stand vom anderen Nebentisch der stellvertretende Marktleiter auf und sagte zu dem Großmaul: *„Sie verlassen jetzt sofort unser Haus*

*und haben ab sofort Marktverbot. Menschen wie Sie
wollen wir nicht als Kunden.*" Wir waren ihm so dankbar.

Noch eine Erinnerung an meinen 2003 verstorbenen
Bruder Alex: Mit ihm habe ich einmal bei einer unserer
Reisen mit dem Wohnmobil Döner vom Imbiss
gegessen. Er prustete und schnaubte: *„Puh, ist das
scharf!"* Ich habe ihn gefragt: *„Wo ist was scharf? Das
schmeckt doch prima."* Er darauf: *„Typisch Türke!"* und
wir beide haben laut gelacht.

Erste Schulzeit

Kurz danach wurde ich dann Schulkind. Natürlich auch wieder in derselben Einrichtung wie Michael. Seit kurzer Zeit hieß diese Förderschule für Körper- und Mehrfach-Behinderte *„Christiane-Herzog-Schule"*, benannt nach der vor Kurzem verstorbenen Ehefrau des vorigen Bundespräsidenten. Hier bin ich mit Markus am Einschulungstag vor unserem Haus:

Michi und ich wurden jeden Morgen von der Firma Taxi-Diehl zu unseren Schulorten – das waren zwei verschiedene Nachbarorte – gebracht und nach Schulschluss wieder abgeholt. Das Ehepaar Diehl fuhr im Wechsel. Mutti und Frau oder Herr Diehl hoben jeden von uns vom Rollstuhl und schoben uns durch die Heckklappe über die abgeklappten Sitzlehnen der beiden hintersten Sitze des Renault-Espace in unsere Sitzpositionen. Wir sammelten noch vier andere Schüler unserer Schule ein und fuhren dann entlang des rechten Rheinufers zuerst nach Neuwied-Engers, anschließend mit mir allein weiter nach Kettig zur Außenstelle.

Wenn, was seltener vorkam, Frau Diehl fuhr, sind Michi und ich noch oft alleine mit ihr durch eine Waschstraße gefahren, die in der Nähe unseres letzten Stückes der Rückfahrt lag. Michi hielt das zuerst ein bisschen für bedrohlich, gewöhnte sich aber bald daran. Ich habe das von Anfang an genossen, ein richtiges Abenteuer. Mit Herrn Diehl haben wir sogar einen Unfall erlebt, als ihm einer mit dickem Mercedes die Vorfahrt genommen hat. Unsere ältere Schulkameradin Kathrin, die immer auf dem Beifahrersitz saß, war dann bei einer notwendigen Gerichtsverhandlung Zeugin. Das war schon erstaunlich, weil sie als völlig sprachloser Mensch mit einem damals noch neuartigen elektronischen Talker gesprochen hat. Aber Kathrin war schlau, die hat sogar Abitur gemacht und studiert – immer mit guter Assistenz! Seit 2023 ist sie beruflich aktiv im Projektbeirat *„inkluevo – Erwachsenenbildung vor Ort"* des bekannten *„Landesverbandes für Körper- und Mehrfachbehinderte NRW e.V."* Ihr Spezialgebiet ist die elektronische Kommunikation. Was sonst?

Meine Klasse war nicht sehr groß. Wir hatten zwei Lehrerinnen, die nur für uns im Einsatz waren. Das war sehr angenehm. Von beiden habe ich, wenn ich meine Einschränkungen bedenke, eine große Menge Schulstoff gelernt.

Als unsere Pflegeoma, Muttis Mutter, gestorben war, wurde ihr Haus leer geräumt. Bernd hatte von seinem Chef einen Lastwagen geliehen, um die großen Sachen in der Verwandtschaft zu verteilen. Ich wurde auf dem Beifahrersitz mit meinem Autositz angeschnallt und durfte überall mit hin. Das war ein wunderschöner Tag!

In unserer Familie gab es, nachdem unsere Eltern schon 1992 und 1993 insgesamt drei Enkel bekommen hatten, und Steffen schon länger eine Freundin hatte, auch bei

Bernd und Alex Partnerinnen. Als ich acht Jahre alt war, bin ich im Freizeitpark mit Alex und seiner Freundin im Kübel die Wasserrutsche herunter gebrettert, wir waren ganz schön nass. Die Beiden hatten die Nase voll, ich aber rief: *„Noch einmal, bitte!"* Sie haben es tatsächlich wiederholt, aber nicht gern. Noch in der Zeit, als wir im Taunus wohnten, haben die beiden dann dort geheiratet. Auch ihr erstes Kind kam noch einige Monate vor unserem Umzug zur Welt, an meinem Geburtstag!

Während dieser zwei Schuljahre haben wir an unserem Zweithaus in der Wesermarsch angebaut. Vati hatte im Jahr 2000 den Vorruhestand *„geschenkt"* bekommen, wie er das immer sagte. Der Entschluss, in den Norden umzuziehen, verursachte diesen Anbau. Das Haus bekam sogar einen Geschossaufzug und ein Therapieschwimmbecken mit Gegenstromschwimm-Anlage.

Ab Ende Juni 2001 – die Ferien in Rheinland-Pfalz hatten gerade begonnen – war dann unser Umzug beendet. Wir wohnten nun im umgebauten Haus in

Norderschwei. Das Haus im Taunus haben unsere Eltern vorerst vermietet, später dann verkauft.

Die älteren Pflegesöhne und Tamara lebten inzwischen nicht mehr bei uns, das Verhältnis zu Tamara hatte sogar abgebrochen werden müssen. Das tut ihr noch heute leid, wir haben häufig Kontakt. Sie sitzt auch seit Jahren im Rollstuhl. Zum Glück pflegt ihr zweiter Ehemann sie mit rührender Hingabe.

Integrative Grundschule

Bereits längere Zeit vor unserem endgültigen Umzug hatten sich unsere Eltern mit der Frage beschäftig, wer von uns im Norden in welche Schule oder in welchen Kindergarten würde gehen können. In unserer neuen Dorfgemeinde war damals der Kindergarten schon seit einigen Jahren eine Versuchseinrichtung der Integration, wie das genannt wurde. Unser Markus hatte also direkt vor Ort seinen festen Tagesaufenthalt. Und der mehrfachbehinderte Christian, den unsere Eltern noch 1999 aufgenommen hatten, würde nach einem Jahr dort auch einen Platz bekommen.

Vati verhandelte in Sachen Schulen direkt mit dem Schulrat in Oldenburg, weil für Michael und mich die Sache ziemlich unübersichtlich war. Michael wurde von der Behörde in die Tagesbildungsstätte der Lebenshilfe in unserer Kreisstadt eingewiesen. Dort hat er seine gesamte Schulpflicht erledigt. Der Schulleiter unserer Dorfgrundschule wollte mich nicht aufnehmen. Die

Stufen rund um das Schulhaus und einige andere Hindernisse erschienen ihm die Aufnahme unmöglich zu machen. So vermittelte mich der Schulrat in die größere Grundschule des Hauptortes Rodenkirchen unserer Gemeinde. Dort gab es schon eine fest angebaute stabile Rollstuhlrampe zum Haupteingang und fast nur eine Ebene für die Unterrichtsräume. Die Räume im Obergeschoss brauchte ich gar nicht erreichen zu können. Als ehemaliger Förderschul-Angehöriger wiederholte ich die zweite Klasse und fügte mich auf diese Weise ganz problemlos in das vorhandene integrative Unterrichtssystem dieser Grundschule ein.

So wurde für uns alle der Umzug in die Wesermarsch gut vorbereitet, und die Anschlüsse gelangen uns ohne Probleme. Ach ja, Niklas blieb auch hier von der Schulpflicht beurlaubt, weil deren Erfüllung weder für ihn noch für irgendeine Einrichtung zumutbar schien. Und Benjamin hängte an seinen erfolgreichen Abschluss der rheinland-pfälzischen Hauptschule ein zehntes Jahr und erreichte einen ordentlichen Sekundarabschluss.

Meine drei Grundschuljahre habe ich in bester Erinnerung. Ich war gleichzeitig Schüler zweier Klassen. Einmal der offiziellen Grundschulklasse mit einem schon etwas älteren sehr einfühlsamen Klassenlehrer. Zum Anderen der kleinen Förderklasse, in der Förderschüler aller größeren Partnerklassen, aus drei Schuljahren, gemeinsam von einer sehr engagierten Förderlehrerin Aufbauunterricht in den Kernfächern erhielten. In der großen Partnerklasse verbrachte ich die meiste Zeit. Ich hatte immer einen Zivildienstler als Schulassistenten an meiner Seite.

Besonders beglückt hat mich, dass ich nun einige richtig feste Freundschaften aufbauen konnte. Mein bester Freund wurde mein Sitznachbar in der Partnerklasse, der mich immer wieder unterstützte und auch schon mal nachmittags mit dem Fahrrad zu uns nach Hause kam. Mit einem weiteren Förderschüler und zweien der *„normalen"* Mädchen gab es dann bald eine richtig feste kleine Clique. Wir hingen gemeinsam in den Pausen auf dem Schulhof herum, trafen uns ab und an nachmittags und feierten unsere Geburtstage zusammen.

Natürlich gab es in diesen drei Jahren auch in unserem Familienleben allerlei große und kleine Ereignisse. Unser Grundstück war ziemlich verwildert, so hatten es die Eltern 1994 gekauft. Nun wurde ausgeholzt, eingeebnet, neu angepflanzt, ein schöner Hundeauslauf eingezäunt und eine gut zu pflegende Rasenfläche geschaffen. Da unser Haus keinen Keller hatte, wie im Norden sehr viele Häuser, entstanden in einer Ecke des großen Grundstücks zwei Holzblockhäuser. Ein erheblich kleineres für allerlei Gartenpflegemaschinen und -werkzeug, ein größeres als Winterunterstand für Terrassenmöbel, Kinderspielzeug und Ähnliches. Später kam noch ein kleiner Fahrradschuppen in eine andere Ecke.

Markus ging bei uns in Schwei *„integrativ"* zur Grundschule und Christian, der fröhliche Charmeur, in den Kindergarten.

Hauptschulzeit

Der Übergang in die auch integrativ arbeitende Hauptschule in Rodenkirchen wurde dann nur möglich, weil mir für die Überwindung der Treppen ein technisches Hilfsgerät, ein Treppensteiger, beschafft werden konnte. Ich wurde wieder in Regel- und Förderklasse beschult. Martin, einer meiner Klassenkameraden, der oft verspottet wurde, lernte ganz schnell, den Treppensteiger wie meine Zivis richtig zu bedienen, mit dem ich im Rollstuhl ins Obergeschoss der Schule gebracht wurde. Wir durften auch zusammen im Pflegeheim unser Berufspraktikum erledigen, dem Hausmeister helfen und mit den alten Leuten Karten- oder Brettspiele machen. Wir waren gute Freunde. Auch im Schweier Kindergarten habe ich ein Praktikum durchführen dürfen.

Diese Hauptschule hatte damals noch eine Besonderheit. Alle Schüler durften die Lehrer mit ihrem Vornamen und mit *„Du"* anreden. Wir alle haben das in

Windeseile gelernt und empfanden es als eine Vertrauen schaffende Möglichkeit. Diese Schule wurde während meiner Schulzeit mit der Realschule zusammen gelegt und zur *„Oberschule"* im niedersächsischen Sinne umgewandelt. Die Realschullehrer wollten sich nicht duzen lassen, also musste diese schöne Sitte wieder abgeschafft werden

Auch Lehrerwechsel machten uns das Leben manchmal ein bisschen schwer, aber der Wechsel zu einer ganz jungen Biologielehrerin, bei der wir später auch noch Physik- und Chemieunterricht bekamen, war das Beste, was uns passieren konnte. Fabelhaft, gar nicht peinlich oder albern, war ihr Sexualkundeunterricht. Sie hatte eine zwar recht lockere Art im Umgang mit uns, wurde aber durchaus geachtet und respektiert.

Der Sportlehrer meiner Klasse wollte mich nicht im Unterricht dabei haben. *„Was soll ich mit dem!"* Er ist bis heute Inklusionsfeind. Unser Schulleiter, der auch Sport gab, hat dann den Stundenplan so hinbekommen, dass er mich jeden Donnerstag früh mit immer anderen

Klassen zum Schwimmunterricht mitnehmen konnte. Ihm und meinen Zivis verdanke ich, dass ich trotz meiner Lähmungen sehr sicher schwimmen und tauchen kann. Ich habe sogar Schwimmabzeichen.

Sein Nachfolger hat mich immer mal aus Spaß gefragt, ob ich ihm nun endlich ein Frühstück mitgebracht hätte. Bei unserer Abschlussfeier habe ich ihm dann eine sogfältig verpackte Stulle geschenkt, die der Scherzkeks tapfer vor allen Teilnehmern grinsend aufgegessen hat, obwohl es bald ein tolles Buffet für alle gegeben hat. Doch erst mal die Ereignisse davor:

Ich war zwölf, als im Dezember mein Pflegebruder Alex auf seiner Baustelle tödlich verunglückte, das war ein großer Schock. Er hat seine Frau und drei kleine Kinder hinterlassen. Wir alle mussten lernen, mit diesem Unglück zu leben. Ich habe zum Glück viele sehr schöne Erinnerungen an ihn.

Als ich vierzehn Jahre alt war, haben mich meine Pflegeeltern mit dem Besuch eines Baggerparks überrascht. Ich habe ganz schnell begriffen, den kleinen Zweitonner korrekt zu bedienen. Dafür war bezahlt worden. Der Platzmeister war darüber so erstaunt, dass er uns zusätzlich noch eine Viertelstunde auf dem Zweiundzwanzigtonner schenkte. Das Monster konnte ich wie den Kleinen gleich richtig bedienen. Zum Schluss habe ich einen großen Sandhaufen direkt vor den Platzmeister und meinen Vater gesetzt. Die waren begeistert. Und ich erst! Schade, dass es für Rollstuhlfahrer nicht möglich ist, beruflich Bagger zu fahren. Das wär's gewesen. Da bin ich im *„Monster"*:

Die erste Hälfte des Jahres 2006 brachte einige drastische Veränderungen in unsere Familie. Michael bekam einen Platz in einer Wohngruppe in der Einrichtung *„Diakonische Behindertenhilfe Lilienthal"*. Er fühlte sich dort sofort richtig wohl, was für unsere Eltern eine große Freude war. Während seiner Vorbereitung zum Umzug erschütterte uns dann eine heftige Auseinandersetzung mit Christians Schule. Mit ärztlicher Hilfe und der des Jugendamtes war es aber bald vorbei.

Eine Folge davon war, dass unser Christian nun auch in die Tagesbildungsstätte der Lebenshilfe umgeschult wurde, was sich als gut für das Brüderlein erwies.

In diesem Frühjahr endete meine Zeit als Konfirmand. Ich hatte mich entschlossen, mich taufen und konfirmieren zu lassen. Papa akzeptierte das, weil ich ja im christlichen Elternhaus aufgewachsen war und immer am evangelischen Religionsunterricht teilgenommen hatte. Und Mama war schließlich auch getauft, wenn auch römisch-katholisch.

Meine Mitkonfirmanden und ihre Familien waren von der Art und Weise beeindruckt, wie unsere Pastorin die beiden Vorgänge miteinander verbunden hat. Und sogar alle meine muslimischen Verwandten aus dem Ruhrpott, die angereist waren, fanden das Ganze schön und angenehm. So war dann auch die Feier bei uns zu Hause im Partyzelt hinter unserem Haus eine sehr erfreuliche Angelegenheit.

Anfang Mai ist dann unser Niklas zufrieden verstorben. Mit uns drei Verbliebenen war nun unser Leben leichter zu strukturieren, wir konnten auch gemeinsam länger außer Haus sein, mit dem Wohnmobil verreisen und Ähnliches. Das erwies sich als besonders nützlich, als das Gericht, vor dem der Medizinschadensprozess über Christian verhandelt wurde, ein Gutachten durch einen Neuropädiater anordnete - ausgerechnet in Freiburg im Breisgau! Wir bekamen einen Termin für den Tag vor dem 60. Geburtstag des Bruders Heiner unseres Vaters. Und gegen Ende der Herbstferien 2007. Also machten wir eine gemütliche Wohnmobilbummelreise durch Sachsen-Anhalt, Thüringen, Bayern und Baden-Württemberg, um pünktlich am betreffenden Vormittag dort zu sein. Auf der Rückreise konnten wir zu Heiners Geburtstagsfeier ein paar Stunden bei Fulda verbringen. Das war zugleich unsere vorerst letzte größere Reise.

Seitdem war es uns unmöglich geworden, mit Christian länger als 48 Stunden mit dem Wohnmobil unterwegs zu sein. Er wurde stets am zweiten Tag krank, bekam hohes Fieber, kurz, er wollte wieder heim. Trotzdem versuchten wir es immer mal wieder.

Um 2009 einen *„Geförderten Hauptschulabschluss"* zu bekommen, musste jedes Mädchen und jeder Junge unserer Förderklasse mindestens eine mündliche Prüfung überstehen. Ich hatte Glück und wurde unserer Biologielehrerin zugeteilt. Drei Themen durfte ich mir aussuchen. Die Lehrerin fing dann mit dem Thema *„Verhütung in der Jugendsexualität"* an. Sie fragte kaum, sondern ließ mich frei erzählen. Mein Bericht hat die gesamte Prüfungszeit gefüllt – und bei einigen älteren Lehrkräften für rote Ohren gesorgt. Mein Zivi und ich fanden das witzig. Die Lehrerin auch.

Die feierliche Zeugnisübergabe in der Markthalle war recht eindrucksvoll. Sowohl die Realschüler als auch die Zehn-Schuljahres-Hauptschüler als auch wir *„Neuner"* wurden zusammen geehrt. Die Jahrgangsbesten bekamen besondere Buchgeschenke. Die jeweiligen Klassenabschlussfeiern fanden dann getrennt statt, unsere sogar im Kneipensaal in Schwei.

Zu dieser Veranstaltung waren meine leiblichen Eltern herbeigekommen. Da habe ich Mama zu ersten Mal so richtig in ihrem Elend einschätzen können. Nach einer ersten Krebserkrankung einige Jahre zuvor war nun vor einigen Monaten ein neuer sehr aggressiver Krebs erkannt worden; leider viel zu spät für eine denkbare Heilung. Eine Menge ihrer einst dichten Haare waren den Therapien schon zum Opfer gefallen. Und ihr früher so hübsches Gesicht wirkte irgendwie ziemlich aufgequollen. Sie erklärte mir, der ganze Körper habe Probleme, Wasseransammlungen los zu werden.

Trotzdem wurde dieser Abend richtig schön. Unser Schulleiter verspeiste demonstrativ die von mir erhaltene Stulle. Wir Förderschüler ehrten besonders unsere Förderpersonen: Lehrerinnen, Lehrer, Sozialpädagogin und Zivis. Der Wirt hat sogar für Papa extra

Hähnchenschenkel gegrillt, weil der als Moslem ja kein Schweinefleisch isst.

Da ich meinen bevorstehenden achtzehnten Geburtstag Ende November nur in einem gemieteten Gastraum würde feiern können, bat ich unsere Eltern um eine private Schulabschlussfeier auf unserem Grundstück. Unser riesiges Partyzelt fasste auf zwölf Metern Länge und fünf nutzbaren Metern Breite Platz für etwa sechzig Personen. Und so viele waren es dann auch fast. Ich hatte meine früheren Förderlehrerinnen und den Förderlehrer, die Sozialpädagogin und alle meine ehemaligen Zivis einladen dürfen. Hätten alle zugesagt, hätten wir weniger Freunde laden können, aber so kam aus beiden Familien, der Nachbarschaft, einigen Freunden und eben meinen Helfern eine bunte Feiergesellschaft zusammen. Mama ging es schon wieder etwas schlechter, aber sie hielt sich tapfer. Und ich habe eine kleine Rede zu Ehren meiner beiden Mütter gehalten. Da sind allerlei Tränen geflossen. Danach habe ich Mama nur noch in der Klinik erlebt.

Meine Zeit in den Werkstätten

Nun ging es in Nordenham in der Werkstatt für behinderte Menschen (WfbM) los. Die Qualifizierung im Berufsbildungsbereich (BBB) dauert in der Regel zwei Jahre und soll *„ein breites Angebot an Leistungen zur Teilhabe am Arbeitsleben"* umfassen. Es sollen *„neben arbeitspraktischen Tätigkeiten auch theoretische Inhalte und Kulturtechniken"* vermittelt werden. Nach meinen Erfahrungen zuerst in Nordenham und dann im Bremen ist das aber eher graue Theorie. Je nach späteren Verdienstmöglichkeiten im Produktions- bzw. Arbeits-Bereich der betreffenden Werkstätten ist das BBB-Angebot stark begrenzt. Und von *„Kulturtechniken"* habe ich nie etwas bemerkt. Als Rollstuhlfahrer, immerhin auf einem Elektrorollstuhl mit Stehfunktion, fand ich zudem Türe und Tore, die ich nicht selbst öffnen konnte. Die Praxisanleiterinnen und erst recht die Praxisanleiter erlebte ich reichlich überfordert – mit nur ganz wenigen sehr positiven Ausnahmen.

In diese Zeit fällt meine Wohmobilreise – allein mit den Eltern – in die Alpen. So weit sind wir aber gar nicht gekommen. Schon im Norden von Thüringen weckte uns am dritten Reisetag unser Handy. Unser treuer Freund Dirk war es, und er war in heller Aufregung. Er und Marion hatten unsere beiden Kleinen in Kurzzeitpflege genommen. Er hatte in unserem Haus im Vorzimmer von Christians Zimmer geschlafen, während Markus bei Marion und ihren Kindern schlafen durfte. Und was war nun geschehen? Christian war gestorben!

Viele Kilometer weit ist Vati über die Autobahnen viel zu schnell gefahren, aber so waren wir zu Mittag schon zu Hause. Das war auch nötig, Marion und Dirk waren fassungslos. Aber unsere Eltern konnten sie, zusammen mit unserem Hausarzt, ganz gut beruhigen. Also war nun unseren Eltern der vierte Sohn verstorben. Solche Dinge brauchten schon allerhand Kraft. Auch von mir und Markus. Und von Michael in Lilienthal.

Mein Wechsel in die Werkstätten „Martinshof" in Bremen wurde nötig, weil ich im Oktober 2010 auch in eine

Wohngruppe der großen „Diakonischen Behindertenhilfe Lilienthal" umziehen konnte. Ein Neuanfang nach knapp neunzehn Jahren Pflegefamilie. Unser Vati blieb mein rechtlicher Betreuer. Ebenso war es auch mit Michi organisiert worden, der ja bereits seit 2006 in Lilienthal lebte.

Ich war schon in die Einrichtung gezogen, als meine leibliche Mutter ihrem schweren Krebsleiden erlag. Ich wusste ja schon sehr lange um ihren schlechten Gesundheitszustand und konnte nicht verstehen, dass sie diesen meinen leiblichen Geschwistern lange verschwiegen hatte. Als sie dann starb, war das sowohl für meine etwas ältere Schwester als auch meinen Zwillingsbruder ein schwerer Absturz. Ich bin doch, auch mit Hilfe meiner Pflegefamilie, viel besser damit zurechtgekommen.

Meine Mama hatte sich gewünscht, dass mein Pflegevater die Trauerfeier in Essen durchführen solle, und ihm sogar aufgetragen, was dabei auf jeden Fall gesagt werden müsse. Angesichts der zahlreichen

Muslime und auch der katholischen Kolleginnen und Verwandten, die an dieser Bestattungsfeier auf dem *„Friedhof am Hallo"* würden teilnehmen, hatten die beiden vereinbart, Vati werde nicht als Pfarrer im Talar sondern als neutraler Bestattungsredner auftreten.

Mutti, er und ich waren mit unserem Van dorthin gefahren, in dem mein Rollstuhl mitreisen konnte. Nach der Bestattungsfeier – noch am offenen Grab – kam ein großer grauhaariger Mann auf Vati zu und sagte, er sei der Vorsteher der muslimischen Gemeinde Essen-Nord. Er habe gerade erfahren, dass Vati evangelischer Geistlicher sei. Da wolle er sich ausdrücklich bedanken, dass dies eine „würdige Feier für alle" gewesen sei. Ich konnte mich schließlich ruhig und entspannt nach zwei Tagen Urlaub wieder nach Lilienthal bringen lassen.

Der Umgang mit dem Tod lieber Menschen ist mir eh vertrauter als vielen anderen Leuten dieser Welt. Den Tod dreier weiterer behinderter Pflegekinder unserer Familie habe ich hautnah erlebt, den Tod des Familienvaters Alex, nun den Tod meiner leiblichen

Mutter und schließlich 2018 den Tod meiner Pflegemutter. Auch Markus und meine leibliche Schwester leben nicht mehr. Unsere Pflegeeltern haben uns zum Glück einige gute Strategien zur Bewältigung mit auf den Lebensweg gegeben!

In Lilienthal habe ich einige lehrreiche Jahre in der Wohngruppe verbracht. Aber mein Appartement, eine umgebaute PKW-Garage, war unter dem Dach sehr schlecht isoliert. Unser Gruppenleiter hatte schließlich den Plan, mich in das „Ambulant betreute Wohnen" der Einrichtung einzugliedern, weil er mich für selbstständig genug hielt, ein ziemlich eigenständiges Leben zu führen, mit Assistenz durch einige Betreuerstunden.

Nach einiger Zeit ergab sich die Möglichkeit, mit einem anderen Rollstuhlfahrer gemeinsam in einer Wohnung mit zwei Zimmern, einer großen Küche und einem Bad eine Wohngemeinschaft (WG) zu eröffnen.

Das geschah dann auch recht bald, erwies sich aber im Laufe der Zeit als reichlich problematisch. Mein

Mitbewohner war ziemlich unordentlich und verlangte zudem, dass ich aufräumen und die Arbeiten im Haushalt alle allein erledigen solle. Dabei hätte er genauso viel zu tun vermocht wie ich. Er war aber ein von seinen Eltern wohl reichlich verwöhntes Bürschchen.

Erschwerend kam hinzu, dass ich mich im BBB der WfbM intensiv verliebt hatte. Eine ebenfalls dort Beschäftigte und ich hatten uns gefunden. Ab und an kam sie – schon im Einverständnis mit unserem Gruppenleiter in der letzten Wohngruppenzeit – für ein ganzes Wochenende zu mir. Für die WG hatte ich sogar ein breiteres Bett von meinen Pflegeeltern besorgt bekommen. Und genau auf diese Beziehung war mein Mitbewohner heftig eifersüchtig und sparte nicht mit blöden Bemerkungen. Also wollte ich wieder raus aus der WG. Und da ich in den Bremer Werkstätten arbeitete und meine Freundin in Bremen wohnt, wollte ich unbedingt in diese Stadt ziehen. Vati begann im Mai 2015 mit der Wohnungssuche.

Einen vollständigen Freitag hat er mit dieser Suche verbracht. Wenn Mutti von diesem Tag erzählte, dann erinnerte sie sich schmunzelnd an einen sehr knurrigen Ehemann, der außer zu den Hilfezeiten für Markus, dem letzten Pflegesohn, und zu den Mahlzeiten nur vor dem Computer saß und sich durch alle Immobilienangebote für rollstuhlgerechte Wohnungen wühlte. Immer zwischendurch rief er auch bei Maklern oder Vermietern an, auf die er gestoßen war.

Es war kurz vor 17 Uhr, da fand er ein anscheinend taugliches Angebot und rief bei der Anbieterin an. Folge: Ich wohne nun schon seit damals in meiner eigenen Mietwohnung, die bis auf einige Mängel doch ziemlich rollstuhlgerecht war. Mit der Unterstützung meiner Pflegeversicherung, die ja zur Einrichtung einiger „Wohnumfeldverbesserungen" beitragen muss, ist jetzt das Ganze doch recht komfortabel geworden. Gute rechtliche Betreuung, engagierte ambulante Helfer, gute Ärzte und prima Therapeuten habe ich auch. Später darüber noch Einiges mehr.

In den Werkstätten „Martinshof" war ich nach der BBB-Zeit in einer Betriebsstätte tätig, in der wir ziemlich stumpfsinnige Abfüll- und Verpackungsarbeiten zu erledigen hatten. Auch meine Freundin war dort eingesetzt. Gefragt hat man uns nicht, ob wir das so wollten. Sowohl unser Arbeitsgruppenleiter als auch die zuständige Sozialarbeiterin wollten uns aber unsere Beziehung verbieten. Dieser Unverschämtheit suchten wir beide auszuweichen und fanden – zuerst sie, dann ich – einen Arbeitsplatz in jeweils einer völlig anderen Betriebsstätte der WfbM. Ich kam in die Werkstatt des technischen Reha-Hilfsmittel-Pools einer Krankenkasse, der von den Werkstätten bewirtschaftet wird.

Dort ging es mir besser als zuvor, aber die dortige Sozialarbeiterin merkte mit mir gemeinsam, dass auch diese Arbeit auf Dauer für mich nicht das Richtige sei. Also brachte sie mich mit dem „Integrationsfachdienst" (IFD) der Stadt Bremen in Verbindung. Sie wollte mich im „Ersten Arbeitsmarkt" unterbringen lassen.

Schon Monate zuvor hatte ich in einem Ratgeber im Internet einen Hinweis gefunden, den ich mir herauskopiert und gespeichert habe. Darin ist zu lesen: *„Die WfbM hat die Aufgabe, Sie so zu qualifizieren, dass Sie anschließend eine feste Beschäftigung in der Werkstatt oder eine Tätigkeit auf dem allgemeinen Arbeitsmarkt ausüben können. In der Vergangenheit haben aber nur sehr wenige Menschen mit Behinderung den Sprung von der WfbM auf den allgemeinen Arbeitsmarkt geschafft. Um dies zu ändern, haben viele Werkstätten die Qualität ihrer Bildungsangebote verbessert. Zudem versuchen die Werkstätten geeignete Beschäftigte bei der Suche nach einem passenden Praktikums-, Ausbildungs- oder Arbeitsplatz noch stärker zu unterstützen.“*

Und schon in der ersten Zeit wurde mir klar, dass diese freundliche Auffassung über die Werkstätten ganz hübsch übertrieben ist.

Auf zum Neubeginn

Dass ich jetzt eine Arbeit auf dem ersten Arbeitsmarkt habe und nicht mehr in den Werkstätten, verdanke ich einigen tüchtigen Menschen, die mich gefördert haben. Allen voran der Sozialarbeiterin des IFD, die ist ein wahrer Schatz! Für die körperlichen Schwächen habe ich eine liebe und patente physiotherapeutische Praxis, für alle Fragen vertrauenswürdige Betreuer und ein echt bemühtes Sanitätshaus in der Nähe mit einem selbst rollstuhlfahrenden Chef. Das alles macht mich stabil.

Dazu eine kleine schöne Episode: Meine vorige Physiotherapeutin bekam eines Nachmittags von mir einen Anruf, ich könne nicht in die Praxis kommen, weil ich mir in einen Finger geschnitten hätte. Sie kam sofort mit ihrer Mutter privat zu mir. Sie versorgten gemeinsam notdürftig die Wunde und fuhren mich in die Notaufnahme des nächsten Krankenhauses. Bis sie mich wieder nach Hause bringen konnten, waren seit dem Anruf mehr als vier Stunden vergangen! Lieb, oder?

Nun aber zur Leistung der genannten Mitarbeiterin des IFD. Nachdem unsere Betriebsstätten-Sozialarbeiterin uns miteinander bekannt gemacht hatte, besprachen wir, wie wir gemeinsam vorgehen wollten. Zuerst kam ich in eine Art Erprobungsphase, in der ich einige Praktika in Betrieben und Behörden erlebte, für die mich der IFD als geeignet eingeschätzt hatte. Das wurden zum größten Teil ziemlich ernüchternde Erfahrungen. Meine nun mal vorhandene Kombination aus Körperbehinderung und intellektuellen Einschränkungen schreckten die meisten denkbaren Arbeitgeber ab.

Zum Glück gab es aber dann doch einen Arbeitgeber, der Interesse an mir bekundete. Es war dies ein bekannter gemeinnütziger Träger der verschiedensten sozialen Einrichtungen. In einer seiner Wohngruppen für behinderte Menschen sahen die Verantwortlichen, dass sie mich für allerlei Hilfeleistungen gebrauchen könnten. Und schon hatte ich einen Arbeitsvertrag. Gut, dass ich in Lilienthal unseren Betreuern so oft geholfen hatte. Da hatte ich allerlei Erfahrungen gesammelt.

Aber ich dachte schon damals und beobachte bis heute noch immer, dass es den Werkstätten sehr schwer fällt, für die leistungsfähigeren Beschäftigten Arbeitsplätze auf dem ersten Arbeitsmarkt anzustreben. Da diese immer diejenigen sind, die für die Werkstätten zuverlässig Geld verdienen, wird das wohl aus Eigeninteresse nicht sehr stark betrieben. Meine Freundin arbeitet ja immer noch dort, außerdem hatte ich noch länger Verbindungen zu anderen ehemaligen Kolleginnen und Kollegen. So kann ich das wohl ganz gut beurteilen. Die meisten Arbeitgheber sperren sich zudem gegenüber der Anstellung Behinderter. Ob das wohl anderswo als in Bremen anders läuft?

Ein Stück aus einem Artikel der *„ZEIT-ONLINE-ARBEIT vom 20.12.2023"* gibt auf diese Frage eine erschütternde Antwort: *„Rechtlich ist die Sache eindeutig: Unternehmen sollen Menschen mit Behinderung anstellen. Doch in der Praxis haben diese Menschen oft nicht viel davon. 300.000 von ihnen arbeiten gegenwärtig in Behindertenwerkstätten, in einer Art parallelem Arbeitsmarkt. Nur 0,3*

Prozent dieser Beschäftigten wechseln pro Jahr in einen regulären Job. Offenbar sind sie dort nicht willkommen, wie Zahlen des Bundesministeriums für Arbeit und Soziales nahelegen: 45.000 Unternehmen beschäftigen trotz gesetzlicher Vorgabe keinen einzigen Menschen mit Schwerbehinderung. Die Vereinten Nationen haben Deutschland dafür bereits kritisiert." Da hatte ich doch großes Glück.

In der Wohngruppe, in der ich Arbeit gefunden hatte, wurde ich einige Monate lang in Vollzeit eingesetzt, musste aber bemerken, dass meine verfügbaren Kräfte das auf Dauer nicht aushalten konnten. Mit der IFD-Mitarbeiterin zusammen – wir sind schon so vertraut, dass wir seit Langem per du miteinander sprechen – war dann eine Teilzeitregelung schnell zu schaffen. Auch wenn ich manche Hilfeleistungen nicht tun darf, die ich tun könnte und auch schon gemacht habe, bin ich mit dem jetzigen Zustand ganz zufrieden.

Unerfreulich ist, dass mich allmählich auch in Sachen Freizeitgestaltung das deutliche Nachlassen meiner

Möglichkeiten, sowohl körperlicher als auch geistiger Kräfte, zunehmend ausbremst.

Nun aber möchte ich im Einzelnen darstellen, wie für mich verschiedene wichtige Lebensbereiche hilfreich oder störend waren und sind.

Das Medizinische und die Therapien

Für einen mehrfachbehinderten Menschen sind Diagnosen und Therapien lebensbestimmend. Meine Pflegeltern hatten vom Taunus aus knapp vierzig Kilometer zu einem heiltherapeutischen Kinderzentrum zu fahren. Zuerst wurde ich dort von einer jungen Ärztin betreut, die wohl nicht so recht mit den Berichten aus der Essener Klinik zurechtkam. Da Mutti mit Michael und Dennis immer den Chefarzt aufsuchen konnte, bat sie den, auch mich zu übernehmen. Das war ein hilfreicher Wechsel. *„Fischi"*, wie wir Kinder ihn nennen durften, hat einige Diagnosen zu denen aus Essen hinzugefügt, da er sowohl ein EKG als auch ein EEG geschrieben hat und ein großes Blutbild erstellen ließ.

Schon in Essen hatte ich einen Babymonitor für die Kontrolle der Vitalfunktionen verordnet bekommen. Kurz nach meinem ersten Geburtstag hat mir das Ding wohl das Leben gerettet. Meine Pflegeeltern haben mir oft von dieser Nacht erzählt. Beide schliefen fest, da erklang aus dem Babyphone, das die Geräusche aus meinem Schlafzimmerchen übertrug, ein schrilles Pfeifen. Vati, der problemloser als Mutti schnell aus dem Bett kommen konnte, sauste barfuß die Treppe hoch, hob mich aus dem Bett, setzte sich auf einen Stuhl und legte mich quer über seine Oberschenkel. Die Eltern hatten gelernt, ein Kleinkind zu reanimieren, wir waren ja alle ein bisschen labil. Es dauerte nicht lange, dann schlug mein Herzchen wieder, und mit einem tiefen Seufzer kam die Atmung zurück. Vati nahm mich samt Monitor mit ins elterliche Bett und schlief nach einiger Anwärmzeit auch selbst wieder ein, als Mutti und er sicher waren, dass auch ich ruhig schlief. Am nächsten Tag in der Schule war er dann wohl nicht ganz so auf Draht wie sonst.

Für mich war diese Krisennacht der Wendepunkt. Ich nahm nun richtig zu, versuchte herumzukrabbeln, mit beiden Händen zu spielen, und begann plötzlich auch zu sprechen. Sogar die Hunde merkten die Änderung und spielten jetzt mit mir. Zuvor hatten sie mich wohl immer irgendwie geschont.

„*Fischi*" hatte schon Wochen zuvor Physiotherapie nach modernsten Methoden (Vojta und Bobath) angeordnet. Eine der Fachdamen aus dem Zentrum übernahm allmählich uns alle, nach Dennis Tod auch Niklas und später sogar noch Markus. Unsere Familie und sie haben eine so enge Freundschaft entwickelt, dass sie schließlich sogar die Patin unseres Markus wurde. Da sie einmal in der Woche von Vati nach dem Unterricht in der Außenstelle Koblenz abgeholt und zu uns nach Hause geholt wurde, sparten sich Mutti und er die zahllosen Fahrten mit uns ins Zentrum. Zurück wurde sie oft von Mutti gebracht, die mit dieser Fahrt dann eine kleine Einkaufstour verband. So wurde allerlei unsinnige Fahrerei vermieden. Auch die Ergotherapeutin kam zu uns nach Hause, sie wohnte nicht weit weg von unserem Wohnort.

Noch heute besteht die Freundschaft mit dieser Physio-therapeutin Erika. Sie war zu Markus' Einschulung bei uns. Und immer mal wieder. Nur zur Beerdigung konnte sie nicht kommen, sie ist nicht mehr die Gesündeste.

Eine herausragende Rolle für uns behinderte Kinder hatte natürlich neben der neurologischen Betreuung der Facharzt für Orthopädie. Und auch in diesen Bereich hatten unsere Pflegeeltern einen Glücksgriff getan. Der aus Dänemark stammende Arzt wurde für uns Kinder zunehmend zum vertrauten Freund. Markus und ich hatten – sicher infolge unserer schlechten Versorgung der Muskeln und Sehnen – deutliche Fehlstellungen der Füße. Nachdem unser Orthopäde bereits die Beinstreckung und -beweglichkeit bei Michael operativ erheblich verbesset hatte, wurden wir beide etwa ein Jahr später von ihm an den Füßen operiert. Markus konnte nun – vier Jahre alt – endlich gehen lernen. Und auch mir brachten die Physiotherapeutinnen allmählich bei, mit Unterarmgehstützen kurze Wege zurückzulegen. Nach der Koblenzerin wurde uns eine jüngere Therapeutin zugeordnet, die einen kurzen Anfahrtsweg hatte. Wir sind übrigens auch aus Norddeutschland immer wieder zu diesem Orthopäden gefahren. Einen einigermaßen gleichwertigen fanden wir erst später.

Der Umzug in die Wesermarsch fand fast genau zu der Zeit statt, als unser „Fischi" einen schweren Schlaganfall erlitt und arbeitsunfähig wurde. Im neuen zu Hause sollte ärztliche Hilfe nicht zu weit weg sein. Das nächste Zentrum ist in Oldenburg, dort waren die Wartezeiten neun Monate! Da wollten unsere Eltern doch nach Alternativen fragen und baten den Hausarzt um ein entsprechendes Gespräch. Der war selbst noch gar nicht sehr lange in unserem Dorf tätig. Er hatte die Praxis nach dem tödlichen Unfall seines Vorgängers übernommen.

Um in Ruhe alles über unsere Familienmitglieder erfahren zu können, kam er wenige Tage nach unserem Einzug abends mit seinem Motorrad, das er zu Hausbesuchen zu verwenden liebte, bei uns vorgefahren. Die Eltern saßen fast eine ganze Stunde mit ihm auf dem Sitzplatz vor unserer Haustür. Alles, was er erfuhr, notierte er sich, nahm ein ganzes Paket Kopien von Arztberichten mit und versprach, was er selbst leisten könne, auch für uns Kinder zu erbringen.

Sähe er seine Grenzen, werde er weiter leiten, hat er nicht nur zugesagt, sondern auch immer so gehalten. Das benötigte er aber erstaunlich selten. Er hat sich sichtlich über unsere jeweilige Behinderung schlau gemacht und war uns von da an der perfekte Arzt. Ging es um Hilfsmittelversorgungen, haben er und unser Vati die Begründungen immer gemeinsam formuliert. Besser konnte es gar nicht sein. Da zu jener Zeit die Wesermarsch kinderärztlich schon unterversorgt war, kamen allmählich immer mehr kindliche Patienten in seine Praxis. Und – Überraschung – vor allem solche mit Behinderungen. Zwischen ihm und unseren Eltern entwickelte sich allmählich eine echte Freundschaft. Die hatte auch für Mutti und Vati zu ihren gesundheitlichen Problemen eine ganz hervorragende Schutz- und Stützwirkung.

Die Physiotherapeutin – das ist die Pflegemutter eines behinderten Kindes, die uns bei der Suche nach einem norddeutschen Haus unterstützt hatte – wurde für uns alle eingesetzt und behandelte uns fünf in unserem

Haus. Einen entsprechenden Therapietisch hatten unsere Eltern angeschafft, der übrigens auch als Wickeltisch diente. Diese Therapeutin hat mich ganz schön unter Spannung gehalten, aber dafür bin ich ihr von Herzen dankbar. Vieles, was ich trotz meiner eingeschränkten Möglichkeiten gelernt habe und noch heute leisten kann, verdanke ich ihr. Auch, dass ich so lange mit Unterarmgehstützen größere Strecken zurücklegen konnte, was jetzt leider nicht mehr geht.

Eine Augenarztpraxis für uns alle – auch unsere Eltern waren schon Brillenträger – fand sich auch ganz bald nach unserem Einzug in unser norddeutsches Haus. Das ist eine Gemeinschaftspraxis, aber die Patienten behalten vom ersten Besuch an immer die gleiche Arztperson. Und wieder hatten wir Glück. Der Arzt, dem wir beim Erstbesuch zugewiesen worden waren, erwies sich nicht nur für uns behinderte Kinder als ein äußerst aufmerksamer und lernwilliger Helfer, er entdeckte auch 2017 bei unserer Mutti ein bis dahin hinter einer anderen Erkrankung verstecktes rheumatisches Leiden. Leider war diese Entdeckung zu spät für eine durchgreifende Therapie. Unser Hausarzt macht sich noch immer Vorwürfe, dass nicht er diese Krankheit entdeckt hat. Aber er hatte durch die andere Erkrankung vermutlich gar keine Möglichkeit dazu.

Als ich nach Lilienthal zog, fand ich dort eine fast umfassende medizinische Versorgung durch den medizinischen Dienst der Einrichtung. Nur unserem Augenarzt bin ich treu geblieben, bis er während der

Coronazeit in den Ruhestand wechselte. In der Einrichtung wurde ich hausärztlich, neurologisch und orthopädisch so lange versorgt, bis beide Ärzte auch in den Ruhestand gewechselt sind. Dann suchte ich mir eine Hausarztpraxis. Unsere Eltern fanden zusätzlich einen Orthopäden. Beides in Lilienthal. Neurologisch schien aktuell kein Bedarf zu bestehen.

Die Physiotherapie wurde und wird für Michi von der in der Einrichtung angestellten Therapeutin erledigt. Er ist ja schon lange dort. Ich jedoch bekam Termine in einer Praxis, die ihre Räume in der Nähe der Einrichtung hatte. Und hatte Glück. Die Physiotherapeutin hat sich intensiv mit meiner Behinderung beschäftigt und schnell hilfreiche Übungen mit mir begonnen. Nach meinem Umzug bin ich auch von Bremen aus dorthin gefahren. Aber wieder hatte ich Glück. Kurz nach meinem Umzug wechselte sie in eine Praxis in Bremen, die ich gut erreichen kann. Ich natürlich sofort auch. Dort hat sie mich dann mit ihrer Mutter gemeinsam „gerettet", als ich mir in den Finger geschnitten hatte. Jetzt ist sie in längerer Mutterpause, aber die Praxis hat stets guten Ersatz für mich. Ergotherapie brauche ich nicht mehr; die würde nichts mehr bringen, sagen mir die betreffenden Fachärzte. Zusammen mit Vati, der ja noch lange mein rechtlicher Betreuer war, habe ich hier in Bremen zuerst eine tüchtige Zahnärztin gefunden, nur wenige hundert Meter von meiner Wohnung entfernt. Was jedoch noch viel wichtiger ist, eine neurologische Gemeinschaftspraxis. Eine der Ärztinnen ist für mich zuständig und in allerlei Hinsichten meine wichtigste medizinische Ratgeberin geworden. Mit Hausarztpraxis und Orthopäde im nahen Lilienthal und diesen beiden Ärztinnen hier in Bremen geht es mir gut. Demnächst muss ich noch die augenärztliche Kontrolle organisieren, dabei hilft mir meine jetzige rechtliche Betreuerin. Ich musste inzwischen lernen, dass fast alle meine einst verfügbaren Kräfte nachlassen. Allmählich finde ich mich mit dieser Entwicklung zurecht, aber es ist nicht immer leicht. Sogar leichte Krampfanfälle erlebe ich in Stresssituationen ab und an. Die sind aber nur so kurz, dass ich sie – noch – gut im Griff habe.

Meine rechtliche Situation

Einige Monate, nachdem ich in die Pflegefamilie gekommen war, hat meine Mama, gebeten von meinen Pflegeeltern, beim zuständigen *„Vormundschaftsgericht"* (so hieß das damals noch) beantragt, meiner Mutti die *„Tatsächliche Personensorge"* zu übertragen. Das sah auch sie als sinnvoll an, denn so konnte Mutti jede medizinische oder sonstige Entscheidung über mich ohne Rückfrage in Essen uneingeschränkt treffen. Gerade bei Ärzten und in Krankenhäusern ist das wichtig.

Als ich achtzehn Jahre alt wurde, hatte Mutti bereits beim Betreuungsgericht beantragt, die rechtliche Betreuung für mich möge Vati übertragen werden. Er ist gewissermaßen der Verwaltungschef und Hausjurist der Pflegefamilie. Der Richter hat mich gefragt, ob mir das recht ist. Ich habe natürlich sofort zugestimmt, so wurde Vater für viele Jahre in dieser Aufgabe tätig. Wie auch für die Anderen, als sie erwachsen geworden waren.

Er hat dann alles Organisatorische weiterhin für mich erledigt. Der erste Schreck war, dass sofort nach meinem achtzehnten Geburtstag das Jugendamt die Unterhaltszahlungen für mich einstellte. Vater hat mit Einspruch und sogar Androhung einer Klage erreicht, dass die rechtliche Möglichkeit für eine Weiterzahlung genutzt wurde. So wechselte ich erst beim Eintritt in die WfbM, wo ich ja einen kleinen Eigenverdienst bekam, in die gesetzlich vorgesehene Leistungsverantwortung der Sozialbehörden von Gemeinde und Landkreis. Damit war das Jugendamt raus.

Als ich dann nach Lilienthal zog, gab es einen Irrtum, was die „örtliche Zuständigkeit" betraf. Sowohl Vater als auch die für meine Geburtsstadt Essen zuständige Landessozialbehörde waren zuerst der Auffassung, diese nordrhein-westfälische Organisation sei nun für die Leistungen für mich zuständig. Als sich dies als falsch erwies, hatte Vater allerlei zu tun, um es zu korrigieren. Aber schließlich läuft nun alles schon lange problemlos – und mit angenehmen Sachbearbeiterinnen.

Während mein Leben recht abwechslungsreich ablief, wie ich bereits erzählt habe (Seiten 48 bis 56), war ich froh, Vater als rechtlichen Betreuer verfügbar zu haben. Aber ich habe schon verstanden, dass ihm – wegen der Entfernung von seinem Wohnort zu unseren und auch wegen seines zunehmenden Alters – allmählich der Wunsch kam, die rechtliche Betreuung seiner drei Pflegesöhne in andere Hände zu geben. Für Michael und Markus fand sich mit Hilfe des zuständigen Betreuungsgerichtes in Lilienthal eine patente liebevolle Frau, die zu dieser Zeit noch als ehrenamtliche Betreuerin tätig war. Für mich in Bremen war die Suche wohl schwieriger, aber – auch mit Empfehlung des Gerichtes – fand sich dann ein Berufsbetreuer, ein Rechtsanwalt, der meine rechtliche Betreuung übertragen bekam.

Damit begann eine Epoche meines Lebens, an die ich mich nicht in allen Dingen gerne zurück erinnere. Sehr gut war, dass ich langsam in den „ersten Arbeitsmarkt" übergehen konnte und auf einem geförderten

Arbeitsplatz meinen Lebensunterhalt selbst verdienen kann. Ende der Abhängigkeit vom Grundsicherungsamt! Auch wenn ich froh bin, aus den Werkstätten heraus gekommen zu sein, ist jedoch auch in der jetzigen Tätigkeit Einiges, was ich gerne anders hätte. Aber das geht wohl vielen Arbeitnehmern ähnlich. Damit kann ich inzwischen auch ganz gut umgehen.

Als ein Fehlgriff erwies sich jedoch recht bald mein neuer rechtlicher Betreuer. Als Erstes sperrte er meinen Zugang zu meinem Girokonto. Mein Vater hatte mir in dieser Sache immer vertraut. Dann kümmerte er sich während meines Übergangs auf den ersten Arbeitsmarkt um nichts, was notwendig gewesen wäre. Er informierte weder die Familienkasse, dass mein Anrecht auf Kindergeld nunmehr erloschen wäre, noch das Grundsicherungsamt, dass ich nun selbständiger Verdiener geworden war.

Zufällig traf Vater in dritten Monat meiner neuen Tätigkeit im Treppenflur unserer Gemeinde in der Wesermarsch die Sachbearbeiterin des Grundsicherungsamtes, welche die ordnungsgemäße Abwicklung der mir zuvor zustehenden Unterhaltsleistungen in weiterhin örtlicher Zuständigkeit immer zuverlässig erledigt hatte. Er fragte sie: „Ist das nicht schön, dass Cem jetzt sein Geld selbst verdient?" Sie war völlig erstaunt, denn bislang wurden die Leistungen weiterhin ausgezahlt. Ich hatte das nicht bemerken können, einen Zugang zum Konto hatte ich ja nicht mehr.

Auf eine Anfrage Vaters bei diesem Rechtsanwalt wurde er dann auch noch belogen. Daraufhin forderten wir beide einen gemeinsamen Termin im Betreuungsgericht. Wir wurden auch gleich gemeinsam mit dem aktuellen Betreuer einbestellt. Vater wurde sofort wieder mein rechtlicher Betreuer. Ich hatte dort eindeutig mitgeteilt, dass mir jedes Vertrauen zu diesem Rechtsanwalt verloren gegangen war. Bis heute beschäftigt mich die Beobachtung, dass sich dieser und die zuständige Richterin mit dem vertrauten *„Du"* angeredet haben. Ein Schelm, der Böses hierbei denkt! Ich musste dann für mehrere Monate Kindergeld und Unterhalt zurückzahlen.

Die rechtliche Betreuerin meiner Pflegebrüder war inzwischen zur Berufsbetreuerin weitergebildet worden und erwies sich als tüchtig, zielstrebig und ihren Betreuten auch persönlich zugewandt. So kam Vater der Gedanke, sie zu fragen, ob sie nicht auch für mich die rechtliche Betreuung übernehmen könne. Nach längerer Zeit des Bedenkens hat sie dann zugesagt. Und ich bin glücklich darüber, denn sie ist genau so intensiv mit meinen von ihr verantworteten Dingen beschäftigt, wie Vater das immer war. Beide haben zudem inzwischen ein sehr freundschaftliches Verhältnis.

Weitere Betreuungen

Ein Pflegegrad (früher „eine Pflegestufe") wurde mir schon als Kleinkind zugestanden, unsere Eltern haben die Feststellung für uns alle sofort beantragt, als das entsprechende Gesetz (SGB XI) in Kraft gesetzt wurde. Ich benötige noch keine Grundpflegeleistungen, aber Haushaltsentlastungen und Strukturierungshilfen für das Alltagsleben sind doch dringend erforderlich. Sogar über eine wöchentliche Putzhilfe für meine Wohnung kann ich verfügen. Außerdem kommt im festen halbjährigen Rhythmus eine Pflegefachkraft zu mir, deren Beratung in allerlei meine Behinderungen betreffenden Fragen mir sehr wertvoll ist.

Für die Strukturierung meines Alltags ist mir vorerst der ständige Kontakt zu meinem Pflegevater immer noch sehr wichtig. Wir telefonieren häufig miteinander. Auch kommt er immer wieder zu mir nach Bremen. Trotz seines fortgeschrittenen Alters ist er noch ein durchaus sicherer Autofahrer. Langjährige Erfahrung!

Auch schon recht früh hatten meine Pflegeltern einen Behindertenausweis beantragt. Das Versorgungsamt in Koblenz hat mich aufgrund der vorgelegten Arztakten nicht nur mit einem Behinderungsgrad von 100 % eingestuft, sondern mir auch sofort die im Vorwort genannten Merkzeichen aG, H und B zugesprochen. Kurz vor meinem Umzug nach Lilienthal ist dann etwas Seltsames geschehen. Bei einer Überprüfung durch die entsprechende Behörde in Oldenburg wurde ich – wieder aufgrund von aktuellen Arztakten – auf 50 % herabgestuft. Wir hatten zu dieser Zeit andere Sorgen, deshalb hat Vater erst eine Neueinstufung beantragt, als ich nach Bremen gezogen war. Nun wurde ich von einem Vertrauensarzt untersucht und dann wenigstens auf 80 % gesetzt. Bei diesem sehr netten Arzt erfuhren wir, dass die Oldenburger Behörde einen Satz unseres Orthopäden zum Anlass der Herabstufung genommen hatte: „Cem läuft besser." hatte er geschrieben. Dem aus Dänemark stammenden Mann war gar nicht die Missverständlichkeit dieser Bemerkung aufgefallen. Er war einfach froh gewesen, dass ich noch ein Stück weit mit den Unterarmgehstützen zu Fuß voran kommen konnte. Schließlich hatte seine Operationskunst Jahre zuvor dafür die Voraussetzungen geschaffen.

Meine rechtliche Betreuerin hat vor Kurzem einen Antrag gestellt, mir wieder 100 % zuzubilligen. Das wurde abgelehnt, sie bleibt aber am Ball, wie sie sagt.

Meine Wohnform „Ambulant betreutes Wohnen" verhilft mir zu einigen Wochenstunden Teilhabebetreuung. Schon länger sind das jeweils zwei Personen, die mir an fest vereinbarten Nachmittagen für allerlei Aktivitäten zur Seite stehen. Eine gemeinnützige Einrichtung bietet diesen Service. Leider hat es auch dabei Höhen und Tiefen gegeben. Schon in Lilienthal wollten die Betreuerinnen und Betreuer immer mit mir bestimmte „Ziele" ansteuern, die nicht meinen Vorstellungen entsprachen, sondern vom Betreuungsteam festgelegt wurden. Das war nur schwer zu ertragen. Hier in Bremen ist das in Großen und Ganzen besser geworden, aber einer der Betreuer, der recht lange Zeit für mich zuständig war, erwies sich allmählich psychisch nicht mehr in der Lage, diese Aufgabe zu erledigen. Aktuell bin ich aber sehr zufrieden mit meinen Helfern.

Arztbesuche finden mit meiner rechtlichen Betreuerin gemeinsam statt. Sie kümmert sich um allen Schriftverkehr, die Versorgung mit Heil- und Hilfsmitteln und alle sonstigen rechtlichen Belange. Die Betreuer im Teilhabebereich beraten und begleiten mich sowohl bei Alltäglichem wie auch ab und an zu etwas Besonderem. Die Beraterin der Pflegeversicherung wacht darüber dass ich im korrekten Pflegegrad eingestuft bleibe. Mit der Putzkraft habe ich ein durchaus freundschaftliches Verhältnis. Allen meinen Ärzten vertraue ich meine Probleme gerne an. Und mein Pflegevater bleibt mein bester Vertrauensmann, solange er das leisten kann. Meine Urlaube verbringe ich fast ausnahmslos in seiner praktischen, rollstuhlgerechten Wohnung, er hat dort ein schönes Gästezimmer. So hat sich um mich herum eine Art Schutz- und Betreuungsnest aufgebaut, das mir das alleine Leben weiterhin möglich macht.

Fast vergessen hätte ich hier die für mich zuständige Sachbearbeiterin des Integrationsfachdienstes, die – ähnlich wie ich selbst – nicht ganz zufrieden ist mit der Ausgestaltung meiner beruflichen Tätigkeit. Dass ich aus Kräftemangel nach einiger Zeit auf Teilzeitbeschäftigung umsteigen musste, hat sie sofort begriffen und schnell organisieren können. Aber uns beiden wäre lieber, ich könnte regelmäßig einige Leistungen erbringen, die mir liegen, und die ich bisweilen eher zufällig auch wirklich erledige. Aber die Arbeit gebende Organisation weigert sich, diesen Vorschlägen und Bitten zu entsprechen. So haben wir uns darauf geeinigt, die bestehende Situation – wenn auch ein bisschen mit Zähneknirschen – zu akzeptieren.

Heil- und Hilfsmittelversorgung

Für einen körperbehinderten Menschen wie mich hat die Versorgung mit Heil- und Hilfsmitteln eine ungeheure Bedeutung. Der Gesetzgeber hat säuberlich in der Sozialgesetzgebung geregelt, welcher Träger für welche Zwecke die entsprechenden Leistungen zu erbringen hat.

Geht es um Gesundheitsfragen im engeren Sinne, ist das natürlich die Krankenkasse. Also sind alle HEILmittel in ihrer Verantwortung. Das sind Medikamente und, bei körperlichen Beeinträchtigungen unabdingbar, allerlei Therapien wie Ergotherapie, Logopädie und die schon oben beschriebene Physiotherapie. Gesetzlich ist der Anspruch auf diese Versorgungen im § 32 SGB V verankert. Größere Probleme habe ich, wie schon berichtet, bei der Kostenübernahme noch nicht erlebt.

Ganz anders ist das bei der Versorgung mit notwendigen HILFSmitteln. Zwar steht im § 33 SGB V – für meine Begriffe doch recht eindeutig – folgende Grundvorschrift:

„Versicherte haben Anspruch auf Versorgung mit Hörhilfen, Körperersatzstücken, orthopädischen und anderen Hilfsmitteln, die im Einzelfall erforderlich sind, um den Erfolg der Krankenbehandlung zu sichern, einer drohenden Behinderung vorzubeugen oder eine Behinderung auszugleichen, soweit die Hilfsmittel nicht als allgemeine Gebrauchsgegenstände des täglichen Lebens anzusehen oder nach § 34 Abs. 4 ausgeschlossen sind".

Das klingt für mich besser als es im tatsächlichen Gebrauch der Krankenkassen wirklich ist. Die aus den genannten Gründen ausgeschlossenen Gegenstände verschreibt kein Arzt und bietet auch kein Sanitätshaus tatsächlich an. Die Krankenkassen finden aber immer wieder allerlei Ausreden – mit erstaunlich phantasiereichen Begründungen – um andere verordnete und beantragte Hilfsmittelversorgungen zu verweigern. Nach diesen Vorbemerkungen will ich nun erzählen, wie diese Hilfsmittelversorgungen im Einzelnen in meiner Lebensgeschichte abgelaufen sind. Und das wieder von Anfang an.

Durch die private Krankenversicherung unserer Pflegefamilie waren wir fast alle dort familienversichert. Und hatten auch Anteil an Vaters Beihilfeberechtigung. Heute weiß ich, wie gut das war. Fast alles, was uns verordnet wurde – oft, weil unsere Eltern immer bestens über aktuelle Produkte informiert waren – haben wir auch ziemlich problemlos bekommen. Jedes Jahr fuhren sie mit uns zur Reha-Messe nach Düsseldorf. So waren wir alle auf dem neuesten Stand. Ich bin auch heute noch Reha-Messebesucher, regelmäßig alle zwei Jahre hier in Bremen auf der IRMA.

Meine ersten Hilfsmittel kenne ich nur von Fotos. Das waren ein Reha-Kinderbuggy, ein Therapie-Hochsitz und ein Hilfsmittel für die Ergo- und Physiotherapie mit dem lustigen Namen „Varussell". Der Buggy war schon aus Michis Kleinkinderzeiten, und das Varussell wurde für ihn, mich und Niklas eingesetzt. Wir wurden bäuchlings auf eine Drehscheibe gelegt und konnten uns um die Achse dieser Scheibe selbst drehen. Die Hände konnten den Boden gut erreichen. Ein tolles Ding.

Mein erster Minirollstuhl, natürlich von SORG, den ich mit etwa drei Jahren nutzen lernte, war wieder ein Erbstück von Michael. Recht bald zeigte sich, dass ich damit auf nicht ganz glattem Boden Schwierigkeiten hatte, geradeaus zu fahren. Die Lähmung des rechten Armes war das Problem. Michi hatte inzwischen seinen ersten kleinen Elektrorollstuhl bekommen. Und als mich Vati auf diesen setzte, um zu sehen, ob ich damit zurechtkäme, war ich nach seinen Worten *„sofort in der Lage, das Ding sinnvoll zu steuern."* So bekam ich mit knapp fünf Lebensjahren meinen ersten E-Rolli. Das war ein Gebrauchter, den man in drei Teile zerlegen und im PKW in den Kofferraum packen konnte. Der hat nicht lange durchgehalten, war aber prima zum Lernen.

Dann bekam ich - wieder gebraucht und unabhängig von den Krankenkostenträgern – einen noch außergewöhnlicheren Elektrorollstuhl. Die Sitzschale konnte bis zum Fußboden abgesenkt werden, sodass ich selbst hinein krabbeln konnte. Und hinter mir konnte ich auf einer Art

Ladefläche immer mal ein anderes Kind mitnehmen.
Michi hatte das gleiche Modell, aber neuwertig:

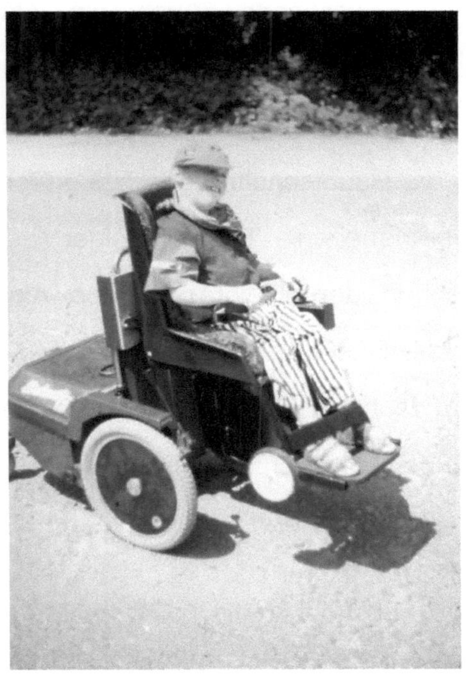

Als dieser fahrbare Untersatz ab und an Reparaturbedarf
hatte – Vati hat das immer selbst erledigt, wenn er die
Ersatzteile bekommen hatte – durfte ich mit Markus im
Wechsel dessen Kinder-Elektrorollstuhl verwenden. Der
war von den Kassen bezahlt worden, aber nicht für ihn
sondern für mich.

Irgendwann war ich dann für diese kleinen Sitze doch zu groß geworden und bekam den ersten elektrischen Rollstuhl für Erwachsene. Auch die Aktivrollstühle wurden – jeweils größer – entweder von Michael übernommen oder neu geliefert, natürlich immer von SORG. Für die Hauptschultreppen bekam ich dann den elektrisch betriebenen „Treppensteiger". Der wurde hinten zwischen den Treibrädern des Aktivrollstuhls, direkt unter der Rückenlehne, eingehängt. Der jeweilige Helfer hatte dann die Griffe am oberen Ende in den Händen und bewegte sich mit mir rückwärts die Treppen auf und ab. Ein tolles Gerät.

Noch bevor ich nach Lilienthal in die Gruppe umgezogen bin, bekam ich im Sommer 2009 einen Elektrorollstuhl mit Stehfunktion. Da ich inzwischen in der WfbM war, konnte ich damit beispielsweise an Werkbänken stehen, in der Küche die Oberschränke erreichen und insgesamt fast alles tun, was die Läufer machten. Bereits 2013 war dieser Stuhl aufgrund eines technischen Defektes nicht mehr korrekt nutzbar. Ich bekam das gleiche Modell in leicht fortentwickelter Ausstattung und einer anderen Farbe. Dieser Elektrorollstuhl wurde leider nach den üblichen fünf Verschleißjahren von der Krankenkasse nicht ersetzt, sondern immer wieder zu aufwendigen Reparaturen ins Sanitätshaus geholt. Ich musste mich dann immer auch zur Arbeit mit dem Aktivrollstuhl behelfen, das Leben mit diesem E-Rolli wurde zunehmend unangenehm.

Mit dem Aktivstuhl konnte ich nur deswegen zur Arbeitsstelle kommen, weil ich schon seit langer Zeit ein Handbike-Pedelec-Rollstuhlzuggerät bekommen hatte. Damals noch von der privaten Krankenkasse unserer Familie und der Beihilfe bezahlt. Ein tolles Trainingsgerät für meine Schultern und Arme:

Als dieses Gerät Jahre danach ziemlich ausgenudelt ersetzt werden musste, lehnte das die gesetzliche Krankenkasse, in der der ich schon lange versichert war, rundweg ab und leitete den Antrag an das Sozialamt der Hansestadt Bremen weiter. Das war eine falsche Entscheidung, denn für mich ist aufgrund einer gesetzlichen Regelung mein Leben lang das Sozialamt des Landkreises Wesermarsch örtlich zuständig, weil ich dort lebend erwachsen geworden bin.

Vater hat zum Glück von diesem Irrtum der Krankenkasse erfahren und ging telefonisch in Bremen auf die Suche nach diesem Antrag. Er hat ihn gefunden und die Weiterleitung nach Brake erreichen können. Die dortige Sachbearbeiterin hatte zu jener Zeit unglaublich viel zu tun. Um mir eine Freude zu machen, hat sie an einem Samstag (!) im Advent die Genehmigung erarbeitet. Am Heiligen Abend – ich war wie fast jedes Jahr in meiner Pflegefamilie für einige Tage zu Besuch – lag diese Genehmigung als schönstes Geschenk für mich unter dem Weihnachtsbaum.

Das neue Rollstuhlzuggerät ist seitdem fleißig im Einsatz gewesen. Als Anfang 2021 endlich der anfällige Elektrorollstuhl durch einen „Wiedereinsatz" eines anderen Herstellers ersetzt wurde, schien vorerst alles in Ordnung. Der Stuhl konnte noch mehr als sein Vorgänger, was bei meinen nachlassenden Kräften sehr angenehm war. Aber nach kurzer Zeit entwickelte er Ausfallerscheinungen. Die Batterien hielten die angezeigte Ladung nicht lang genug. So blieb die Karre mir plötzlich stehen. Einmal sogar auf dem Zebrastreifen zwischen den Straßenbahnschienen. Dank zweier hilfreicher Passanten hat es keinen Unfall gegeben, der sogar tödlich hätte enden können.

Nach mehreren Reparaturversuchen bekam ich dann im Mai 2022 den gleichen Elektrorollstuhl, aber fabrikneu. Doch auch der zeigte ähnliche Schwächen wie der Vorgänger. Nur nicht lange, denn der Hersteller hatte inzwischen die Ursache festgestellt und ließ mir das Ladegerät für die Batterien austauschen. Jetzt geht es – mit ganz kleinen Einschränkungen – recht problemlos.

Völlig überraschend für mich stellte sich heraus, dass der Chef der deutschen Niederlassung des Herstellers mir wohlbekannt ist. Er war früher als für uns zuständiger Außendienstmitarbeiter eines anderen Herstellers sogar einmal bei uns in Norderschwei im Haus. Und oft haben wir ihn auf den Messen getroffen. Jetzt interessiert er sich sehr für meine Erfahrungen und nimmt sogar von mir ihm gemachte Verbesserungsvorschläge ernst. Durch seine alten Beziehungen ist Vater auf eine technische Neuerung gestoßen. Ein Hersteller für Kinderrehageräte hat eine Verbesserung für die Kniehalterungen seiner Stehgeräte entwickelt:

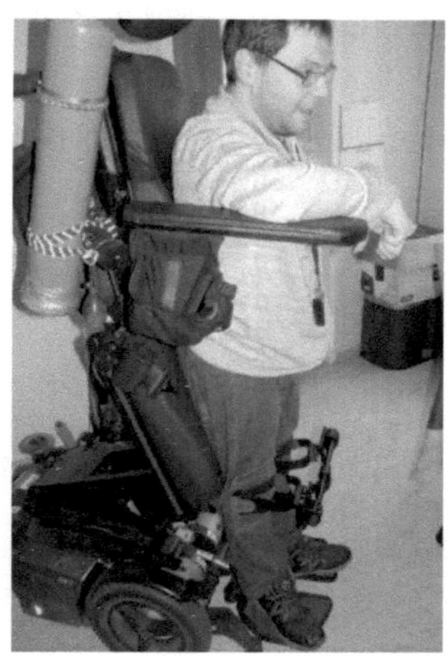

Mein Rehaversorger hat mir mit Begeisterung diese Halterungen als Sonderbau an meinen Elektrorollstuhl montiert. Seitdem geht es meinen beiden Knien – eigentlich den Beinen sogar insgesamt – beim Stehen viel besser.

Nun noch einiges über die orthopädischen Hilfsmittel. Die sind zur Stützung meiner Füße notwendig, was sich auf den ganzen Körper auswirkt. Die ersten Knöchelorthesen bekam ich aus dem Sanitätshaus, das uns auch rehatechnisch versorgte. Der erste schon ältere Orthopädietechniker war ursprünglich ganz in der Nähe des Heimatdorfes unseres Pflegevaters aufgewachsen. Wir hatten ein sehr gutes Verhältnis zu ihm. Sein Nachfolger blieb nicht lange, und dann hatte mein Pflegebruder Bernd in dieser Firma als Umschüler die Ausbildung zum Orthopädietechniker erledigt und wurde für sehr lange Zeit unser Versorger.

Auch im Norden hat er noch für uns alle die Versorgung übernommen, dazu kam er uns immer wieder besuchen, mal mit, mal ohne seine Familie. Jetzt habe ich seit einiger Zeit eine orthopädische Schuhmacherei ganz in

der Nähe meiner Wohnung gefunden, die mir gleich gute

Hilfsmittel herstellt wie das Haus, in dem Bernd arbeitet.

Die Kostenträger und ihre Nutznießer

Manchmal frage ich mich, ob sich die Mitbürger, die auf *„Sozialschmarotzer"* schimpfen, überhaupt darüber klar sind, welche Bedeutung für eingeschränkte geschwächte Menschen die Sicherheit der Hilfen hat. Da denke ich zuerst natürlich an uns Behinderte. Alle notwendigen Einrichtungen, die uns das fast normale – also inklusive – Leben in der Gesellschaft ermöglichen, helfen vielen von uns, unsererseits einen Beitrag für unsere Bürgergemeinschaft zu leisten. Weiter oben habe ich bereits das Jugendamt, einige Sozialbehörden, die Krankenkosten- und die Pflegekostenträger in meinem Fall genannt. Bei letzteren kommt das Geld aus den Beitragszahlungen. Bei den Behörden aus Steuermitteln. Trotz dieses recht eng gesponnenen Netzes aus guten Hilfeleistungsmöglichkeiten gibt es aber auch immer wieder Verweigerungen. Ich denke, das liegt an den Sachbearbeitenden an ihren Schreibtischen, die sich nicht in uns hineinversetzen können. Manche sollten mal vier Wochen im Rollstuhl leben müssen!

Ein besonderes, vermutlich für die ganze Gesellschaft recht kostenintensives Problem für Körperbehinderte ist unsere Welt voller Barrieren. Einerseits liebe ich Bremen, andererseits grolle ich mit der Bremer Politik, weil das Thema Barrierefreiheit nach meiner Erfahrung sträflich vernachlässigt wird. Außer den gesetzlich genötigten Flächenmärkten und Behörden ist kaum ein Bremer Geschäft mit dem Rollstuhl erreichbar, selbst einfachste Rampenlösungen werden nicht geboten. Nur ganz wenige Restaurants, auch kaum kleinere Kneipen und beileibe nicht alle Arztpraxen sind mit dem Rollstuhl erreichbar. Und wenn, dann sind die Toiletten oft im Keller. So sind wir nicht behindert, sondern wir werden behindert.

Noch schlimmer sind die Schwierigkeiten im ÖPNV. Ganz schlimm die ständige technischen Anfälligkeit der elektrisch betriebenen Zufahrtrampen der Busse und Straßenbahnzüge der BSAG in Bremen. Immer wieder blockieren diese Rampen, wenn sie etwa nur halb heraus- oder halb hereingezogen sind. Die Rampen dürfen nicht von Fußgängern betreten werden, während sie aus- und einfahren, weil sonst ein automatischer Mechanismus blockiert. Eigentlich ein sinnvoller Schutzmechanismus. Das interessiert aber viele Fußgänger nicht, die Hinweisschildchen sind ein Witz. Blockiert die Rampe, wartet die Straßenbahn auf eine Ersatzbahn und/oder einen Techniker. Ebenso die Busse. Auch die müssen stehen bleiben, wo sie sind, bis ein Techniker naht. Das dauert Ewigkeiten, in denen alle Mitfahrenden empört sind und dann leider oft die Rollstuhlfahrerinnen und Rollstuhlfahrer für das Malheur verantwortlich machen. Leider tun das auch einige der Fahrerinnen und Fahrer. Letzteres ist ein Skandal.

Unverständlich, dass die Stadt Bremen auch in neueren Bahnen und Bussen immer noch teure anfällige Rampen montieren lässt, während im Umland längst diese Gefahrenquellen erkannt, beseitigt und manuell bedienbare Rampen installiert wurden. Da muss dann das fahrende Personal mal aussteigen, diese anlegen und wieder wegklappen. Den edlen bremischen

Fahrerinnen und Fahrern ist das wohl nicht zumutbar. Dafür aber den Rollstuhlgebundenen, dass sie Termine versäumen und im Regen oder gar im Frost ewig lange warten müssen. Und den *„normalen"* Mitfahrenden ebenfalls allerlei Ärger. Es sind unhaltbare Zustände. Rollstuhlfahrer und vom Rollator Abhängige sind sauer. Alle diese Probleme beschäftigen nicht nur mich, sondern ganz viele Gehbehinderte in unserer Stadt. Viel wird geschimpft, aber wenig kommt bei den Verantwortlichen an. Ich möchte eigentlich auch gar nicht meckern, sondern Anstöße geben für Verbesserungen.

Selbst in dem Haus, in dem ich schon seit Jahren meine Wohnung habe, war anfangs nicht alles so barrierefrei, wie das die Mutter meines Vormieters meinem Vater versprochen hatte. Zuerst hat mich die zwölf Zentimeter hohe Stufe zu meiner Wohnungstür nicht weiter gestört, weil ich noch kürzere Strecken und kleinere Stufen mit den Unterarmgehstützen gehend überwinden konnte. Doch nachdem meine Kräfte nachgelassen hatten, wurde mir auf Kosten der Pflegeversicherung eine kleine Alurampe montiert. Auch nicht besonders gut war von Anfang an die feste gefliese Schräge im langen Kellerflur, die an der Stoßstelle der beiden alten Gebäude, die zum Riesenhaus des Stiftes zusammen gebracht wurden, den Höhenunterschied ausgleicht und zum Ausgang führt. Sie ist zu schmal, zu steil und zu glatt. Meine Pflegeversicherung hat nun für alle betroffenen Bewohner eine Lösung bezahlt. Es wurde ein rutschfester Belag aufgebracht und ein Schutzgeländer montiert. Nur die Steigung musste bleiben. Hier konnte ich einiges bewirken.

Zu den Barrieren in den Köpfen vieler Zeitgenossen will ich gar nicht viel äußern. Die betreffen ja nicht nur uns mit den Behinderten-Ausweisen, sondern auch allerlei andere Menschen. Ein Beispiel sind alle die Empfänger vom Bürgergeld, das von den Jobcentern gezahlt wird, und von Grundsicherung, die von den Sozialämtern der Kommunen gezahlt wird. Denen begegnet der Vorwurf immer sehr schnell, sie seien *„Sozialschmarotzer"*. Sie werden als Faulenzer und Drückeberger verachtet und damit auch ausgegrenzt. Eine ganz andere Barriere.

Langsam fange ich an zu begreifen, dass gar nicht viele dieser Leistungsempfänger an ihrer Abhängigkeit von Hilfe selbst schuld sind. Die Schwächen, die sie arbeitsunfähig machen, sind sehr oft krankhafter Natur.

Das können körperliche Gebrechen sein, das können aber auch seelische Schwächen sein. Und die sind in unserer Gesellschaft gar nicht so selten. Da muss man aber wohl sehr genau hinschauen, um das zu begreifen. Und viele Leute gehen mit ihren Beobachtungen sehr oberflächlich um. So entstehen Vorurteile. Natürlich wird es auch allerlei Drückeberger geben, aber selbst diese Einstellung zum Leben ist ja fast krank.

Dazu kommen noch die nach hier Geflüchteten. Ist es eigentlich nicht erfreulich, dass unsere Gesellschaft sich schon vor langer Zeit aufgerappelt hat, Flüchtlinge unterschiedlichster Art aufzunehmen und den Versuch zu wagen, sie irgendwie zu integrieren? Unerfreulich ist, dass es noch immer kein geordnetes Konzept zu geben scheint, wie man das machen müsste. So geraten immer wieder Geflüchtete unter Ablehnungsdruck, obwohl sie schon Bedrückendes genug erlebt haben. Und unter diesem Druck geraten sie dann oft auf die schiefe Bahn. In dieser Sache ist es sehr gut, dass sich jetzt endlich die gesamte Politik damit beschäftigt.

Was ich gar nicht gut finde ist, dass seit Jahren wackeligen Banken und Firmen mit ungeheuren Summen aus Steuergeldern geholfen wird. Das sind für mich Sozialschmarotzer. Der Steuerzahler muss für die Fehler des Managements, riskante Investitionen und Fehleinschätzung der eigenen Leistungskräfte haften? Das oft benutzte Argument, dass so Arbeitsplätze gerettet werden, halte ich für einen faulen Trick. Darüber hätten die Herrschaften bitte früher nachdenken sollen.

Meine privaten Beziehungen

Während meines Kinder- und Jugendlebens in der Pflegefamilie waren alle Verbindungen meiner Pflegeeltern und -geschwister auch für mich hilfreich. So ist eine Einstellung zu meinen Mitmenschen gewachsen, die im Abschlusszeugnis der Schule zu der Bemerkung: *„der Schüler weist eine hohe Sozialkompetenz auf"* geführt hat. Darüber bin ich durchaus glücklich.

Aber mit zunehmender Selbstständigkeit musste ich erleben, dass zahlreiche Beziehungen zu ehemaligen und auch neuen Freunden sich als nicht besonders beständig erwiesen. Ein Problem dabei ist, dass ich zumeist darauf angewiesen bin, dass die Mitmenschen von sich aus diese Beziehungen pflegen, ab und an mit mir telefonieren und sich auf den Weg zu mir machen. Es kann doch nicht sein, dass immer ich einen Anlauf nehmen muss, um diese Freundschaften zu pflegen. Und meinerseits die jeweilige Person, Gruppe oder Familie aufzusuchen, klappt angesichts meiner

Behinderung und der Barrieren im Umfeld der Betreffenden schon gar nicht.

Als erste und wichtigste meiner Beziehungen will ich die zu meiner Freundin beschreiben. Wir sind nun schon seit vielen Jahren zusammen, aber zusammen sind wir weder räumlich noch zeitlich so, wie uns beiden das gefallen würde. Ein Hindernis ist der sehr schwache Gesundheitszustand ihrer Mutter. Meine Freundin kann und will die nicht sich selbst überlassen. So sind ihre Besuche bei mir sehr selten geworden. Und meine bei ihr auch, weil die Wohnung der beiden im zweiten Stockwerk liegt. Ich kann nur „zu Fuß" die Treppe hoch, eine fast unüberwindliche Anstrengung. So müssen oft kurze Begegnungen außerhalb unserer Wohnungen genügen. Und Nachrichten oder Gespräche mit dem Smartphone. Schön ist das nicht.

Das nächste Beziehungsfeld ist meine Pflegefamilie. Mutter lebt nicht mehr. Meine Pflegegeschwister und ihre Kinder, sofern vorhanden, leben alle recht weit weg. So bleibt zu denen hauptsächlich telefonischer oder WhatsApp-Kontakt. Manchmal auch Begegnungen bei meinem Pflegevater. Besonders aber bei großen Familienfeiern, und das ist immer wunderschön. Meine Wohnung kennen nur Jens und Steffen mit ihren Familien sowie Benjamin und seine Freundin. Die sind früher öfter mal gekommen, aber jetzt wechselt er in die Selbstständigkeit, da haben die beiden andere Sorgen. Michael besuche ich immer mal wieder in seiner Wohngruppe.

Auch meine Geburtsfamilie wohnt ja im Ruhrgebiet recht weit weg. Mit Papa, meinem Zwillingsbruder und einigen wenigen anderen Verwandten sind die Kontakte daher ziemlich selten. Und die sind fast durchweg etwas schwieriger als mit der Pflegefamilie, weil die betreffenden Personen selbst erhebliche persönliche Probleme zu bewältigen haben.

Immerhin hat trotz aller Hindernisse der Kontakt zu beiden Familien, sowohl der riesigen Pflegefamilie als auch der kleinen Geburtsfamilie, Bestand. Die Ausnahme ist natürlich mein Pflegevater, der ja „nur" achtzig Kilometer entfernt von mir lebt, der mein wichtigster Gesprächspartner ist und sicherlich so lange den engen persönlichen Kontakt zu mir aufrecht erhalten wird, wie sein Gesundheitszustand das zulässt. Wenn es da ein Hindernis geben wird, ist es nur das schwächer Werden von einem von uns beiden. Oder von beiden.

Aber völlig verloren gegangen sind mir zahlreiche Freundschaften aus der Vergangenheit. Sowohl mit den Schulkameradinnen und -kameraden als auch den mir früher nahe stehende Werkstattangehörigen besteht kaum noch – meistens sogar gar nicht mehr – Kontakt. Wenn überhaupt, dann nur dadurch, dass ich aktiv werde. Und wenn ich das dann mal beklage, heißt es ganz schnell: „Dann komm doch du mal zu mir!" Aber zu mir kommt fast keiner, und die Wohnungen der Betreffenden sind zumeist nicht barrierefrei.

Die Aktivisten

Aus meiner Sicht ist es schwierig, alle gutwilligen Menschen und Gruppen zu erkennen und einzuordnen, die sich für die Belange von uns Behinderten einsetzen. Allgemein bekannt ist natürlich die „Aktion Mensch", die mit großem Aufwand und viel Lotteriegeld an den unterschiedlichsten Stellen im Land die verschiedensten notwendigen Maßnahmen anstößt und begleitet. Das ist schon nicht schlecht.

Aber dann gibt es zahllose kleinere und kleine Vereine und Verbände, die sich oft recht hilflos abzappeln, in ihrem Bereich Sinnvolles zu gestalten. Das ist einmal das jeweilige Gebiet, in dem man tätig ist, es ist aber oft auch ein jeweils einzelnes Behinderungsbild, was die Aktivität prägt. Letztere Verbände arbeiten oft auch bundesweit, aber eben fast nur im Bereich der besonderen Behinderung oder chronischen Erkrankung. Diese Unübersichtlichkeit lässt mich vermuten, dass da nur gekleckert werden kann und nicht geklotzt.

Ausnahme ist da wohl nur der *„Bundesverband für Körper- und Mehrfachbehinderte"*, dem wir eine Menge Fortschritte in der Sozialgesetzgebung verdanken.

In jeder deutschen Kommune gibt es nun schon seit Längerem einen *„Senioren- und Behindertenbeirat"*. Da ist ein guter Gedankenansatz umgesetzt worden, aber im jeweils einzelnen Zuständigkeitsbereich ist die Wirkung dieses Beirates nicht immer besonders groß. Er kann nämlich nur den gewählten Verantwortungsträgern, den Stadt- und Gemeinderatsmitgliedern sowie den Leuten in den Kreistagen Beobachtungen mitteilen und bestenfalls Verbesserungsvorschläge machen. Wie die dann dort umgesetzt werden, können auch die tüchtigsten Beiratsmitglieder kaum beeinflussen. So wird aus einer Gruppe von Betroffenen, also Fachleuten, eine Art Alibigruppe.

Aber da gibt es ja noch in allen Verwaltungsstufen die offiziellen *„Behindertenbeauftragten"*. Das sind meiner Meinung nach schon eher Personen, die laut werden können, wenn auch sie nur Vorschlagsrecht haben. Aber auch von den meisten von denen geht nach meiner Beobachtung nicht genug Anstoß in die Parlamente, um echte durchgreifende Verbesserungen zu schaffen. Erfolgreiche Ausnahmen gibt es aber zum Glück doch.

Nun zum Abschluss will ich mich noch mit einigen prominenten Personen beschäftigen, die als selbst Betroffene auf verschiedenen Wegen ihre Bekanntheit nützen – oder aber nützen könnten, und es nicht tun. Einer, der trotz seines Lebens im Rollstuhl nach meiner Beobachtung gar nichts für uns Behinderte fertig gebracht hat, ist nach meiner Beobachtung der jüngst verstorbene Politiker Wolfgang Schäuble. Dieser alte Mann war seit einem Anschlag auf sein Leben an den Rollstuhl gebunden. Er war sogar dann noch Bundestagspräsident. Aber hat nicht einmal dafür etwas getan, dass Rollstuhlfahrer mal eine Sitzung von der Empore oder wenigstens vom Plenarsaal aus miterleben können. Einer meiner Teilhabeassistenten ist mit einer Rollstuhlfahrergruppe angemeldet zum Bundestagsgebäude gereist, um eine Debatte mitzuerleben. Die

Aktivrollstuhlfahrer wurden von Helfern des Berliner THW auf die Empore getragen. Die beiden Elektrorollstuhlfahrerinnen wurden von vier starken Männern dieser THW-Truppe in den Plenarsaal geschleppt. Raus ging es später dann mit der gleichen Methode. Das ist doch ein Armutszeugnis für ein Parlament mit einem rollstuhlfahrenden Präsidenten!

Richtig beeindruckt bin ich jedoch von dem jungen Abgeordneten des niedersächsischen Landtags Constantin Grosch. Der sitzt seit Kindertagen infolge einer Muskeldystrophie im Rollstuhl. Er ist ein Jahr jünger als ich. Seine Erfahrungen mit der Deutschen Bahn beschreibt er so: „*Mit der neuen App der Bahn kann man zwar einen Platz für seinen Hund reservieren. Rollstuhlfahrer dagegen können online immer noch kein Ticket kaufen. Ich muss mich mindestens einen Tag vorher anmelden, wenn ich einen Platz in einem Fernverkehrszug benötige. Die 1. Klasse kann ich gar nicht nutzen. Das klingt wie ein Statement, Rollstuhlfahrer seien Menschen zweiter Klasse.*" Auf die

Frage, ob Menschen mit Behinderung ein selbstbestimmtes Leben führen können, hat er geantwortet: *„Da hat sich viel getan. Seit 2016 gibt es flächendeckend und kostenlos die unabhängige Teilhabeberatung. Auch die Wirtschaft hat Ansprechpartner bei den Verbänden, wenn es um die behindertengerechte Einrichtung von Arbeitsplätzen geht. Ein großes Problem bleibt die Beratung der Krankenkassen. Betroffene haben den Eindruck, dort werden Entscheidungen eher nach dem Budget und nicht nach medizinischer Notwendigkeit getroffen. In der Sozialgesetzgebung gibt es noch viele Reglementierungen, die ich nicht mehr für zeitgemäß halte."* Also auch dieses Lob spendet er mit Vorbehalten. Der setzt sich im niedersächsischen Landtag mit aller Kraft für uns Behinderte ein. Und was die Krankenkassen betrifft, kann ich ihm nur zustimmen. Leider!

Ein dritter prominenter Körperbehinderter ist der oft in den Medien erlebbare Antibarriere- und Inklusionsaktivist Raúl Aguayo-Krauthausen. Dieser schon in seinem

Erscheinungsbild recht ungewöhnliche Mann mit seiner Glasknochenkrankheit hat nicht die geringste Scheu, in der Öffentlichkeit harte Wahrheiten zu äußern. Was die Barrieren – baulich wie verwaltungstechnisch – betrifft, spricht er mir aus der Seele. Ich sehe ihn mit diesem Thema gerne in Talkshows oder Einzelinterviews. Ein wenig anders ist das mit seinen Ansichten zur Inklusion.

Sein Buch dazu heißt zwar ganz treffsicher: „*Wer Inklusion will, findet einen Weg. Wer sie nicht will, findet Ausreden.*" Aber seine Forderungen wollen für mich zu vieles auf einmal. Wenn es beispielsweise nach ihm ginge, würden sofort alle Förderschulen abgeschafft und alle Eingeschränkten – welcher Art auch immer – in das Regelschulsystem eingegliedert. Ich sage aus meiner persönlichen Erfahrung heraus, so schnell würde das ins Auge gehen. Unser Regelschulsystem schafft doch das, was es eigentlich sollte, auch so kaum. Oft sind die Bauten nur bessere Ruinen und für Körperbehinderte beispielsweise gar nicht geeignet. Und das System des Unterrichts ist leistungsorientiert. Förderschulen jedoch unterrichten lernorientiert. Das alles – sowohl das Bauliche als das Unterrichtliche – auf Inklusion umzustellen, kostet Zeit, viel Zeit. Auch allerlei gutwillige Politiker scheinen das nicht recht zu begreifen. Es muss nämlich umgesteuert werden.

Der vierte Körperbehinderte, der allmählich prominent wurde, ist der Motivationsredner Janis McDavid. Bekannt gemacht hat ihn sein Mutmach-Buch *„DEIN BESTES LEBEN - Vom MUT, über sich hinauszuwachsen und Unmögliches möglich zu machen!"* Der ist fast genauso alt wie ich. Und ich kenne ihn seit Kindertagen. Wir sind beide in Pflegefamilien aufgewachsen, haben uns Jahr für Jahr anlässlich der Familientreffen des Bundes-verbandes behinderter Pflegekinder im gleichen Feriendorf in der Mitte Deutschlands getroffen und mit unseren baugleichen Elektrorollstühlen (siehe Seite 86) gemeinsam allerlei Unfug angestiftet. Beliebt bei den Läufern unter den anderen Kindern waren unsere Fahrten mit je einem oder zwei dieser Kameradinnen und Kameraden auf den Plattformen dieser Rollstühle.

Er ist ohne Arme und Beine geboren. Die meisten Menschen können sich gar nicht vorstellen, wie er so leben kann. Das kann er aber mit Assistenz sehr wohl. Sein Auto ist seine Zweitwohnung, er hat studiert und hilft mit seiner Arbeit als Motivierer allerlei ganz unterschiedlich ausgebremsten Mitmenschen.

Diese vier beispielhaft hier genannten Männer haben oder hatten mir alle Eines voraus: sie haben eine voll funktionsfähige Denk- und Lernfähigkeit. Dadurch werden sie von der Gesellschaft trotz ihrer körperlichen – teils sogar recht heftigen – Einschränkungen für voll genommen. Man hört ihnen zu, man liest, was sie schreiben, man kann sie auch sinnvoll kritisieren, weil man wissen kann, was sie tun oder nicht tun.

Um auszuprobieren, ob das einem intellektuell kräftig Eingeschränkten – aber nicht Dummen – auch gelingen kann, habe ich mich nun mit meinem Pflegevater gemeinsam daran gemacht, von meinem Leben, meinen Erfolgen und meinen Nöten zu erzählen. Danke für's Lesen!